몸과 마음을
편안하게

명상 100문 100답

MEDITATION
100 QUESTIONS & ANSWERS

몸과 마음을
편안하게
명상 100문 100답

불교와사상의학연구회 지음

알 듯 모를 듯 한 **명상**,
쉬운 **100가지 문답**으로
이해와 **실천**의 길 열다

무병장수는 동서고금을 막론하고 모든 사람들이 희망하는 바입니다. 사람들은 위생적으로 잘 처리된 영양제나 자연식을 먹기도 하고, 다양한 운동법을 활용하기도 하며, 신선한 공기를 찾아 가거나, 특이한 효능이 있는 약이나 음식을 구하는 등 저마다의 방법으로 건강하게 살기 위해 노력하고 있습니다. 그러나 육체적인 건강만이 아닌 정신의 건강도 함께 추구해야 인간은 진정으로 건강한 삶을 살 수 있습니다. 최근에는 건강한 삶을 유지하기 위한 방법으로 명상이 많이 연구되고 있습니다. 전문적으로 명상을 배우지 않은 사람도 지친 일상 속에서 고요히 눈을 감고 심호흡을 몇 번 하는 것만으로도 편안함을 경험하게 됩니다. 이처럼 명상은 바쁘고 흥분된 삶으로부터 심리적 안정과 건강을 유지하는 방법으로 활용될 수 있습니다.

이 책은 한국연구재단으로부터 지원 받고 있는 '심신 치유의 프로토콜 구축을 위한 불교와 사상의학의 융합 연구'라는 과제를 수행하는 과정에서 나온 결과물의 일부로서, 전통적인 종교수행법의 하나인 명상을 응용하여 일반인들의 건강한 삶에 도움을 주기 위한 목적으로 기획되었습니다. 이를 위해 본 연구팀에서는 명상의 전문적인 내용을 올바르게 전달하는 동시에 명상의 구체적인 활용법을 일반인들도 쉽게 이해할 수 있도록 표현하고자 노력하였습니다.

이 책은 독립적인 100가지 질문과 그에 대한 답변으로 구성돼 있어 반드시 처음부터 순서대로 읽어나가야 할 필요가 없습니다. 하지만 1장에서는 명상이란 무엇이며, 명상에 필요한 시간이나 마음가짐 등 명상에 대한 개괄적인 부분을 설명하였고, 2장에서는 명상의 종류와 방법을 정적 명상이나 동적 명상, 기타 명상으로 구분하여 각 명상의 실천법을 설명하였습니다. 3장에서는 명상을 했을 때 나타나는 효과에 대하여 심리적인 부분과 신체적인 부분을 포함하여 설명하였고, 4장에서는 초보자가 명상을 실천하면서 경험할 수 있는 상황을 가정하여 설명함으로써 명상을 하는 도중에 나타날 수 있는 상황에 대처할 수 있도록 하였습니다.

본 연구팀에서는 이미 2013년에 『명상 어떻게 연구되었나? - 2000년부터 2012년까지 연구경향 분석』이란 책에서 명상의 연구경향을 분석한 바 있습니다. 이 과정을 통해 명상의 전문적인 내용을 일반인들이 쉽게 이해하고 활용할 수 있도록 할 필요성을 느꼈습니다. 그러나 명상의 전문성과 대중성을 모두 만족시킬 수 있도록 조화시키는 과정은 쉽지 않았습니다. 모든 구성원이 많은 토의를 통해 반드시 전달해야 할 주제를 선정하고, 이를 쉬운 100가지 대중적인 질문으로 표현하였습니다. 이후 질문에 가장 적절한 답을 작성하기 위한 질문별 저자를 선정하였으며, 작성 과정에서 저자들 간의 의견 차이를 줄이기 위하여 분야별로 저자와 검토자를 바꾸어 상호 검토하고 수정하는 작업을 거쳤습니다. 공동 작업으로 인한 문맥의 부조화를 보완하기 위하여 다각도로 노력하였음에도 매끄럽지 않은 부분이 있을 것으로 생각합니다. 또 광범위한 범주의 명상을 100가지 질문과 답변으로 설명하기에는 부족한 점도 많이 있을 것으로 생각합니다. 하지만 본 연구의 결과가 명상이 건강한 삶을 위한 하나의 방법으로 활용되는 데 도움이 되기를 기대하면서 많은 분들의 질정과 격려를 기대하는 바입니다.

끝으로 명상에 대한 전문성과 일관성을 유지하면서 전체 내용의 균형을 맞추기 위하여 총괄 감수를 맡아주신 서울불교대학원대학교 명상학 전공 정준영 교수님의 노고에 연구팀을 대표하여 감사드립니다. 또한 이 책은 그 동안 함께 한 시간만큼 층층이 쌓인 연구팀 모두의 열정과 상호간의 믿음으로 인해 이루어진 성과임을 밝혀두고자 합니다. 바쁘신 중에도 열과 성을 다하여 참여해 주신 연구팀 모두에게 진심으로 감사드리며, 이 책이 출간되기까지 음으로 양으로 도와주신 모든 분들께 깊은 감사를 드립니다.

2016년 2월 박성식

PART 03

명상의 효과

PART 04

상황별 **명상**의 **실천법**

Appendix

MEDITATION

100

QUESTIONS
&ANSWERS

PART 01

명상이란 무엇인가

알 듯 모를 듯한 것이 명상이죠. 많이 들어보았는데, 막상 그것이 무엇인지 누군가 물어오면 대답하기가 쉽지는 않습니다. 1장은 명상에 대해 흔히 묻게 되는 다양한 물음들에 대한 답변들로 구성되었습니다. 그 속에서 여러분은 명상과 관련된 정의, 역사, 방법 등을 통해 명상에 대한 구체적인 이미지를 그릴 수 있게 될 것입니다. 명상이 무엇인가요? 이제 그 정체를 만나러 갑니다.

001 명상이 뭐예요?

요즘 방송에서 명상이 좋다는 얘기들을 많이 하는데요. '명상'이 구체적으로 뭔가요? 명상과 멍 때리기의 차이가 뭔지 잘 모르겠습니다. 책 읽기에 몰입한 상태도 명상이라고 볼 수 있을까요?

명상瞑想이라는 단어를 그대로 풀면 '고요히 눈을 감고 생각하는 것'을 말합니다. 일반적인 삶에서 고요히 눈을 감고 생각할 기회가 많지 않을 것입니다. 따라서 잠시라도 이런 방식으로 시간을 갖는 것은 일상의 바쁘고 흥분된 삶 등으로부터 심리적 안정뿐만 아니라 생리적 안정을 찾는 데도 도움이 될 수 있습니다.

      명상의 의미를 구체적으로 한 단어나 한 문장으로 정의하기는 쉽지 않습니다. 왜냐하면 명상이 추구하는 목적이나 방법에 따라 다양한 의미가 나타나기 때문입니다. 눈을 감고 생각하는 방법은 마음을 다루는 방법들, 몸을 다루는 방법들, 눈을 뜨고 몸과 마음을 다루는 방법들로 확장됩니다. 그러다보니 과거에는 명상이란 주로 요가, 힌두교, 불교, 이슬람교, 도교, 그리스도교 등의 다양한 종교에서

종교수행법 종교에 기반한 수행법을 말한다. 이를테면 불교의 수행법으로는 대표적으로 집중명상과 통찰명상이 있다. 기독교의 경우 묵상이나 관상이 있고, 도교에서는 내관존사 등이 있는데 각 종교 고유의 수행방식을 통틀어서 종교수행법이라고 한다.

괴로움에서 벗어나거나 신과의 합일을 이루게 하는 방식이라고 이해하였고, 현대에 와서는 전통적 종교수행법을 응용한 수많은 방법들까지 포괄하는 용어로 사용되고 있습니다. 최근에는 종교를 벗어나 서양의 심리치료적인 방법은 물론, 여행이나 휴식을 통한 쉼의 방식까지 명상이라고 불리고 있습니다. 또한 명상의 치유적 기능을 확대하여 힐링이라는 결과적 의미를 명상의 중의적 표현으로 사용하기도 합니다.

휴식이나 쉼 등의 방식을 포함하는 넓은 의미에서 '멍 때리기'나 '집중하여 책읽기'는 명상이나 힐링의 한 방법이 될 수 있습니다. 하지만 좀 더 진지하게 마음을 다루는 의미에서 '멍 때리기'는 명상에 포함되기 어렵습니다. 왜냐하면 마음을 다루기 위해서는 마음이 머무를 대상이 필요하기 때문입니다. 마음은 아주 빠르고 쉽게 방황하기에 마음이 머무를 곳을 임의로 설정하고 그 곳에 의도적으로 머무르게 합니다. 이것을 집중集中이라고 합니다. 만약, 명상을 활쏘기에 비유한다면 집중은 활과도 같습니다. 없어서는 안 되는 중요한 요소입니다. 또한 자신의 마음을 자신이 원하는 방향으로 향하도록 조절하는 능력이 필요한 것입니다. 하지만 '멍 때리기'를 하는 경우, 짧은 이완감은 느낄 수 있을지 모르겠으나 대상이 분명하지 않기 때문에 마음은 곧 방황하게 될 것입니다. 대상이 없기에 집중하기 어렵고, 마음의 방향도 설정되지 않은 상태입니다. 내가 무엇을 하는지 모르는 상태에서 나의 마음을 다루는 작업을 진행하기는 어렵습니다.

반면에 '집중하여 책읽기'는 '멍 때리기'와 달리 집중의 요소를 가지고 있습니다. 다만, 집중의 대상이 나 자신, 즉 내부가 아닌 외

집중: 인간이 가지고 있는 능력 중 가장 중요한 능력으로서, 한 대상에 지속해서 마음을 모으는 것이다. 집중의 대상으로는 내 마음과 같은 내부대상과 책읽기의 책과 같은 외부대상이 있다.

부의 대상이라는 점은 점차 보완의 필요성이 있습니다. 시력을 통해 외부대상에 집중하는 것은 집중의 힘集中力을 키우는 데 도움이 될 것입니다. 하지만 궁극적으로는 그렇게 키운 집중력을 외적 대상이 아닌 내적 대상, 즉 나를 향해 활용해야 합니다. 명상은 자신의 문제를 다스림과 동시에 사회로 그 효과가 환원될 수 있는 것입니다.

참조 '정적 명상'은 21번, '동적 명상'은 31번의 답변을 참조하시면 도움이 됩니다.

002 좌선은 명상이랑
같은 말인가요?

어떤 사람은 '명상'한다고 말하고, 또 어떤 사람은 '참선'한다, '좌선'
한다고 말하던데, '명상', '좌선', '참선' 이런 말들이 다 같은 뜻인가
요? 다르다면 어떻게 다른 거죠?

좌선坐禪과 명상은 다른 말입니다. 다양한 명상 방법들 안에 좌선의
방법과 참선參禪의 방법이 있습니다. 즉, 좌선과 참선은 명상과 같은
의미라기보다는 명상의 방법론을 말합니다. 먼저 좌선은 명상을 하
는 자세를 이야기합니다. 명상은 자세에 따라 정적인 명상과 동적인
명상으로 구분될 수 있는데, 정적인 명상으로는 앉아서 하는 명상, 서
서하는 명상, 누워서 하는 명상 등이 있고 동적인 명상에는 걸으면서
하는 명상과 다양한 동작이나 운동을 하면서 하는 명상 등이 있습니
다.

　　좌선은 정적인 명상의 대표적인 방법으로 주로 바닥에 두
다리를 포개어 앉아[가부좌, 반가부좌, 평좌 등] 허리를 세우는 자세를 말합
니다. 이때 상체는 외부대상에 기대지 않고 허리에 의존하여 곧추 세

참구(參究) 화두를 타파하
기 위해 문제에 집중하는
것을 말한다.

워져있기에 정신이 명료할 수 있습니다. 또한 하체는 허벅지와 종아
리 등을 통해 지면과 많은 면적이 닿아있기에 안정적입니다. 처음에
는 다리가 저리거나 허리가 아파 힘들지만 익숙해지면 몸으로 만들
수 있는 가장 명료하고 안정적인 자세라고 볼 수 있습니다. 이러한 자
세를 바탕으로 마음을 다루는 작업이 시작됩니다. 서양 사람들의 경
우에는 이런 자세로 앉는 것이 어렵기 때문에 이러한 자세를 취하는
것만으로도 일상과 다른 새로운 시도로 보며, 지면과의 접촉자체에
명상의 의미를 부여하기도 합니다. 그리고 이 자세가 어려운 경우에
는 의자에 앉거나, 도구를 이용하여 무릎 꿇은 자세로 명상을 진행하
기도 합니다. 의자에 앉은 자세 역시 좌선의 일종이라고 볼 수 있습니

화두(話頭) 선불교에서 수
행자를 깨달음으로 인도하
기 위해 마련한 문제로 선
사들의 문답에서 핵심적인
내용을 뽑아 문제로 만든
것을 말한다.

다. 동북아시아에서는 참선을 위한 자세를 좌선이라 부르기도 합니
다.

　　참선은 동북아시아에서 주로 진행하는 불교수행법을 의미

하는 것으로, 선禪을 참구參究한다는 의미를 가지고 있습니다. 스스로 수행하거나 선지식善知識을 찾아가서 선을 묻고 배우는 작업을 말하는 것으로, 일반적으로는 화두話頭 수행을 하는 불교의 선법禪法을 말합니다. 수행자가 자신이 본래 갖추고 있는 부처의 성품을 꿰뚫어 보기 위해 노력하는 과정입니다.

　　이러한 참선을 위해 좌선이라는 자세가 필요하고, 최근 불교의 대표적인 수행법들이 명상의 표본으로서 세계적으로 널리 알려지고 있기에 명상, 좌선, 참선은 동의어처럼 이해되기도 합니다. 하지만 명상 안에 참선이 포함되며, 참선은 명상의 종류를 말하고, 좌선은 명상의 자세를 말한다고 이해하는 것이 적절합니다.

참조 '정적 명상'은 21번, '동적 명상'은 31번의 답변을 참조하시면 도움이 됩니다.

003 왜 명상을 해야 합니까?

무엇 때문에 명상을 해야 하는 거죠? 명상은 희로애락에서 벗어나 평정심을 추구하는 거라는 말을 들은 적이 있는데요. 우리 같은 일반 사람들이 희로애락에서 벗어나면 남는 게 뭐가 있죠? 괜히 더 무기력해지는 거 아닌가하는 생각도 드는데요. 명상의 궁극적인 목적이 뭔지 궁금합니다.

명상을 하는 이유는 크게 두 가지가 있습니다. 하나는 이상異常에서 정상으로 돌아오기 위한 것이고 다른 하나는 정상에서 이상理想으로 가기 위함입니다.

　　하나는 근심, 걱정, 불안, 우울 등의 부정적 정서로 인한 심리적 불안정상태로부터 벗어나 편안하고 낙관적인 심리적 안정상태로 만들기 위함입니다. 대부분의 사람들은 지나간 일에 후회하고 다가오지 않은 일들에 근심하며 살아갑니다. 후회와 근심이라는 부정적인 생각들은 과거와 미래의 일들에 대한 반추反芻를 통해 극대화됩니다. 예를 들어, 길을 지나가다 싫어하는 사람을 만나면 그와 있었던 지나간 일들에 대해 후회하고, 그가 앞으로 나에게 미칠 악영향에 대해 근심과 걱정을 하게 됩니다. 그에 대한 배신감 등에 후회하고, 억울함에 분노가 치밀어 올라 나의 몸과 마음은 삽시간에 끓어오르기 시작합니다. 이러한 후회와 걱정의 정도에 따라 심리적 불안정의 질적 수준도 달라지며, 얼마나 반복하느냐에 따라 불안정의 양적 수준도 달라집니다. 심지어 질적·양적 수준에 따라 정신질환으로 나타나기도 합니다. 명상은 이처럼 이상異常의 상태를 이완과 의식전환의 과정 등을 통해 정상正常의 상태로 돌리는 작업을 해줍니다. 질문하신 희로애락喜怒哀樂 중의 분노[怒]와 슬픔[哀]을 달래주는 역할을 하는 것입니다.

　　다른 하나는 말씀하신 것처럼 희로애락을 벗어나는 작업을 말합니다. 희로애락을 경험하는 것은 인간의 정상적인 심리상태입니다. 명상을 하는 두 번째 이유는 이러한 상태를 초월하는 것입니다. 기쁨과 슬픔은 언제나 상대적입니다. 기쁨이 있어야 슬픔이 있고, 슬픔이 있어야 기쁨이 있습니다. 괴로움과 즐거움도 마찬가지입니다. 이들의 모습은 마치 동전의 양면처럼 항상 함께 하지만 어느 한 면만을 보여줘야 합니다. 달리 표현하자면 파도치는 것과도 같습니다. 파도는 마루와 골의 반복으로 파고波高를 만듭니다. 파고 없는 파도는 존재할 수 없습니다. 우리의 인생이 희로애락 없이는 존재하기 어려운 것과 같습니다. 명상을 통해 궁극적으로 추구하는 행복은 마루의 기쁨이나 골의 슬픔을 반복하는 것으로부터 벗어나는 것입니다. 아무리 기뻐도 슬픔이 곧 올 것이기에 만족스럽지 못하다는 것입니다. 이러한 반복이 싫으니 파고 없는 잔잔한 호수와 같은 평온함을 선택한다는 것입니다.

　　명상의 궁극적인 목적은 기쁨과 슬픔의 반복적인 패턴에서 벗어나는 것입니다. 이때에 외부의 자극에도 흔들리지 않는 평정심 平靜心이 가능해질 수 있습니다. 이 상태는 자신의 마음을 능동적으로 다스릴 수 있는 상태입니다. 어떠한 자극도 감당할 수 있는 기운과 힘이 넘치는 상태이기에 무기력과는 거리가 있다고 봅니다. 만약 희로애락에서 벗어나는 것이 무기력하게 느껴진다면 그동안 희로애락을 존재의 자극제로 사용해왔기 때문일 것입니다. 이러한 자극으로부터 벗어나는 것이 명상을 하는 두 번째 이유입니다.

평정심 일어나는 사건에 대해 기뻐하거나 분노하지 않고 칭찬이나 비난에 대해 우쭐해 하거나 분노하거나 의기소침해 하지 않는 마음의 상태를 말한다.

004 집중한다는 게 어떤 거죠?

명상은 한 곳에 집중하는 거라고 들었는데 맞는 말인가요? 그런데, 어떤 게 집중하는 건지 잘 모르겠어요. 흔히 '삼매경'이라고 하는 게 집중을 말하는 것 같기도 하고요……. 집중은 어떻게 하면 되는 거죠?

명상의 방법은 다양합니다. 명상방법에 따라 다르지만 대부분의 경우 집중集中은 명상의 주요 기능으로 활용됩니다. 집중은 마음을 한 곳으로 모으는 것을 말합니다. 내가 원하는 대상에 마음을 두고 흔들리지 않는 상태를 유지하는 것입니다. 만약 지금 이 책을 읽는 중에 내가 임의로 선택한 한 글자에 마음을 두고 지속적으로 다른 생각을 하지 않으며 볼 수 있다면 집중된 상태라고 볼 수 있습니다. 그리고 이유를 막론하고 그 작업을 얼마나 오래 유지할 수 있었느냐에 따라 집중력의 수준도 달라집니다.

또한 집중은 집중 대상과 집중 시간에 따라 그 형태가 달라집니다. 먼저 집중은 내 몸 밖의 외부를 대상으로 삼을 수 있습니다. 예를 들어, 양궁선수가 과녁을 자세히 바라보는 것도 집중입니다. 과

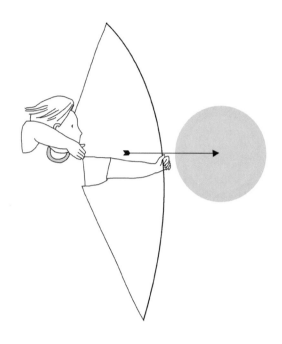

녁은 외부에 있는 대상입니다. 동시에 양궁선수가 호흡을 가다듬고
거리조절을 위해 활시위를 잡아당긴 정도에 집중하는 것 역시 집중
입니다. 이때의 집중은 내적 대상을 취하고 있다 말할 수 있습니다.
명상에서도 흙원반이나 불빛 등의 외적 대상에 집중하는 방법이 있
고, 호흡이나 몸의 느낌처럼 내적 대상에 집중하는 방법이 있습니다.
이처럼 집중은 마음이 어떤 대상으로 향하느냐에 따라 방향이 달라
집니다. 아이들이 컴퓨터게임에 집중하는 것도 집중입니다. 이 경우
는 외적 대상에 집중하는 것에 가깝습니다. 다만, 게임은 자신이 집중
을 조절하기보다 외부의 강한 자극에 끌려 다니기 십상입니다. 따라
서 명상의 집중과는 다릅니다. 명상의 집중은 내가 원하는 대상에 마
음을 두고 흔들리지 않는 능동적 조절력을 기본으로 합니다. 명상의
시작부터 내적 대상에 집중하는 것은 어려울 수 있습니다. 간혹 외적

대상에 대한 집중을 통해 집중력을 기르고 내적 대상으로 전환하기도 합니다.

원하는 대상에 얼마나 머무르느냐에 따라서 집중의 종류도 달라집니다. 예를 들어 사냥꾼의 경우는 양궁선수와 다르게 과녁을 향해 오랜 시간 집중할 시간적 여유가 없습니다. 대상이 나타나는 그 순간, 찰나에 사냥물에 집중하여 활을 쏴야만 합니다. 혹은 움직이는 사냥물을 쏴야하는 경우도 있습니다. 이러한 경우는 순간적인 집중을 필요로 합니다. 따라서 집중은 한 대상에 오랜 시간 머무르는 방법과 순간순간에 대상을 바꾸는 방법이 있습니다. 대체로 명상의 시작에는 한 대상에 오래 머무르는 훈련을 하고 집중력이 향상되면 다양한 대상으로 집중을 전환하기도 합니다.

하지만 어떤 종류의 집중이든지 집중하는 것은 쉽지 않습니다. 마치 반복적인 운동을 통해 팔의 근력을 키우듯이 집중도 반복을 통해 강화됩니다. 마음이 대상을 놓치고 다시 취하고 하는 과정을 반복함으로써 집중력은 강화됩니다. 노력을 통해 근력이 향상되면 바벨을 들 때뿐만 아니라, 물건을 들 때도 활용되듯이, 한 번 강화된 집중력은 대상을 바꾸어도 유지됩니다. 이 과정을 통해 오직 한 가지 일에만 마음을 집중시키는 경지, 이른 바 삼매경三昧境에 오르게 될 것입니다.

일반적으로 집중을 시작할 때는 내적 대상보다 외적 대상을 취하는 것이 쉽습니다. 그리고 몸의 감각을 대상으로 하는 집중이 마음을 대상으로 하는 집중보다 쉽습니다.

몸의 감각 신체에서 느껴지는 느낌을 말한다. 예를 들어 몸이 물체에 닿을 때 느껴지는 따뜻하거나 찬 느낌, 혹은 부드럽거나 딱딱한 느낌, 따끔거림, 간지러움, 찌릿찌릿함 등이 있다.

참조 '집중'은 1번의 답변을 참조하시면 도움이 됩니다.

005 알아차림은 어떤 거예요?

명상할 때는 '알아차림'이 중요하다고 하는데요, 그 '알아차림'이라는 게 어떤 걸 말하는 건지 잘 모르겠어요. '알아차림'이 뭐고, 어떻게 하면 되는 건지 설명해주세요.

알아차림은 집중과 유사한 명상의 기능이자 명상의 효과이기도 합니다. 우리가 원하는 대상에 마음을 두면 그 대상이 어떤 형태인지 알게 됩니다. 이때 아는 작용을 알아차림이라고 부릅니다. 모르던 것을 알게 되는 것입니다.

그럼 실험을 해볼까요? 지금 이 글을 읽던 작업을 잠시 멈추고 자신의 윗입술과 아랫입술이 닿아있는 감각을 느껴보기 바랍니다. 말로 정확하게 표현하기는 어렵지만 그 느낌이 느껴질 것입니다. 알아차림이 작용을 한 것입니다. 먼저 우리는 이 글의 설명에 따라 마음을 입술로 보냈습니다. 대상에 주의를 기울이는 작업을 한 것입니다. 그리고 마음은 잠시 닿아있는 입술에 머물렀습니다. 잠시 머무르자 어떤 느낌인지 새롭게 알게 되었습니다. 마음은 놓치고 있던 지금의 현상을 알게 된 것입니다. 이것이 알아차림입니다. 사실 이 실험을 진행하기 전에도 윗입술과 아랫입술은 닿아있었습니다. 하지만 마음을 보내어 입술에 머물기 전에는 그러한 느낌이 일어나는지 모르고 있었습니다.

알아차림은 원하는 대상에 마음이 머물러 집중함으로써 나타납니다. 집중의 성과라고 해도 과언이 아닙니다. 미처 모르던 것을 알게 해주는 것입니다. 집중이 강화될수록 알아차림의 영역도 넓어집니다. 알아차림은 집중의 도움을 받아 현상을 있는 그대로 파악하게 해주는 역할을 합니다. 특히, 알아차림은 불교수행에서 강조되는데 알아차림이 반복적으로 성장할 때 지혜로 발전할 수 있습니다. 이러한 알아차림이 없는 집중은 맹목적인 몰입에 가깝습니다.

또한 알아차림은 대상을 객관화 시켜줍니다. 예를 들어, 길에서 우연히 싫어하는 사람을 보았을 때, 그 순간 가슴은 두근거리고 얼굴은 화끈거립니다. 심지어 그 사람이 떠난 뒤에도 마음은 지속적으로 불편합니다. 과거의 좋지 못한 기억이 떠오르고 화가 나기 시작합니다. 쉽게 화가 멈추지 않는 이유는 우리의 마음이 지속적으로 싫어하는 그 대상에 머무르고 있기 때문입니다. 내가 원하는 대로 싫어하는 사람이 변하길 바라나, 결코 그 사람을 바꿀 수는 없습니다. 바꾸기 바라는 마음이 커질수록 화만 늘어납니다.

이 때 알아차림이 작용하면 우리의 마음은 싫어하는 사람으로부터 벗어나 나의 현재 상태를 대상으로 삼을 수 있습니다. '내 심장이 두근거리는구나', '손이 떨리는구나', '화가 나는구나'라는 알아차림이 일어나면 우리의 마음은 그 사람이 아닌 지금 나의 현상에 머무르게 됩니다. 즉, 화의 원인으로부터 마음을 분리하여 조절 가능한 나의 현상을 대상으로 삼게 됨으로써 나에게 일어나는 현상을 객관적으로 바라보게 되는 것입니다. 그렇게 되면 화라는 분노로부터 거리가 생기면서 화가 가라앉게 됩니다. 무엇이든 알아차림의 대상이 될 수 있습니다. 몸의 감각이든, 정서적 상태이든 가능합니다. 다만, 명상을 시작하는 단계에서는 몸의 감각느낌을 알아차림의 대상으로 삼는 것이 쉽습니다. 호흡명상을 통해 호흡의 길고 짧음을 아는 것도 알아차림입니다. 걷기명상을 통해 발에서 느껴지는 감각을 아는 것도 알아차림입니다.

참조 '집중'은 1번, '호흡명상'은 22번, '걷기명상'은 35번, '화' 또는 '분노'는 56번의 답변을 참조하시면 도움이 됩니다.

006 완전 초보자인데
뭐부터 시작할까요?

태어나서 처음으로 명상을 해보려고 합니다. 그런데 책이나 인터넷
정보들을 검색해보니 명상의 종류들이 무척 다양하더군요. 저 같은
초보자는 어떤 명상부터 시작하는 게 좋을까요?

명상은 여러 종류가 있습니다. 이 책을 통해 다양한 명상의 종류를 살펴보시고 자신에게 맞는 명상법을 찾아보기를 권유하고 싶습니다. 자신의 성향이 외향적이라면 동적 명상이 쉬울 수 있으며, 내향적이라면 정적 명상이 쉬울 수 있습니다.

다만, 명상의 효과를 위해서는 명상의 시간보다는 익숙함이 더 중요합니다. 다시 말해, 5분 명상과 50분 명상 모두 심리적·생리적 결과를 낼 수 있는데, 중요한 것은 오랜 시간보다는 그 방법에 익숙했을 때 더 긍정적인 효과가 나타난다는 것입니다. 따라서 오래 하는 것보다는 자주 반복하여 방법에 익숙해지는 것이 중요합니다. 예를 들어, 일주일에 한 번 날을 정해 70분 명상을 하는 것보다, 하루 10분씩 매일 하는 것이 더 효과적입니다.

또한, 자신이 선택한 명상방법은 그 방법에 익숙해질 때까지 꾸준히 진행할 것을 권유합니다. 예를 들어, 등산을 할 때 다양한 코스가 있고, 사람마다 좋아하는 길이 다릅니다. 하지만 처음의 시작 지점이 다를 뿐이지, 어느 정도 오르면 비슷한 위치에서 만나게 됩니다. 어떤 코스이든 자신이 꾸준히 진행하며 다양한 경험도 하고 고비도 넘기면 다음에 다른 코스로 올라도 문제가 없지만, 처음의 시작점을 자주 바꾸게 되면 끝까지 오르지 못하고 계속 그 자리를 맴돌 수 있습니다. 명상도 마찬가지입니다. 방법을 자주 바꾸기보다는 꾸준히 지속하고 익숙해진 후에 필요여하에 따라 다른 방법을 경험해 볼 것을 권합니다.

생애 첫 명상이라 어떻게 시작할지 모르겠다면 걷기명상을 추천합니다. 걸으며 자신의 발에서 나타나는 감각에 주의를 기울이는 것입니다. 또한 오른발이 바닥에 닿으면 '오른발'이라고 마음속으로 이름을 붙이고 왼발이 바닥에 닿으면 '왼발'이라고 이름을 붙일 수도 있습니다. 단순하지만 일상생활에서 가능하고, 어느 때나 할 수 있으며, 느낌의 알아차림, 혹은 동작과 명칭의 일치를 통해 집중력을 향상시켜줍니다. 걷기명상은 건강증진과 음식을 먹은 후 소화를 도와주기도 하며, 집중된 걸음은 육체적 피로를 현저히 줄여줍니다. 앉아서 하는 명상(좌선)의 예비단계로도 활용할 수 있습니다. 갑자기 앉아서 명상을 진행하기보다, 잠시 걷기명상을 하고 나서 앉는 명상을 진행하는 것이 이완감과 집중력 향상에 도움이 됩니다. 걷기명상은 가벼운 마음으로 시작할 수 있는 손쉬운 명상방법 중의 하나입니다.

참조 '동적 명상'은 31번, '정적 명상'은 21번, '걷기 명상'은 35번의 답변을 참조하시면 도움이 됩니다.

007 마음이 뭐예요?

어떤 사람이 명상은 '마음공부'라고 말하는 걸 들은 적이 있습니다.
알 듯 모를 듯 한 게 사람의 '마음'인 거 같아서 마음을 공부한다는 게
이해가 잘 안 됩니다. 명상에서 말하는 '마음'은 뭘 뜻하는 거죠?

인간은 몸과 마음으로 구성되어 있습니다. 이를 육체와 정신이라고
구분할 수도 있습니다. 이때 정신에 해당하는 것이 마음입니다. 마음
의 의미는 다양한데 어떤 일을 생각하는 것이기도 하고, 판단하는 작
용이기도 하며, 감정이나 의지 혹은 관심을 갖는 것을 말하기도 합니
다. 뿐만 아니라 그 사람의 성격이나 성품을 의미하기도 하며 생각,
감정, 기억 등이 일어나는 장소를 표현하기도 합니다. 어떤 경우에는
뇌에 있다고도 하고 어떤 경우에는 심장에 있다고도 하지요. 이처럼
마음은 물질과 다르게 형체가 없습니다. 따라서 감각적으로 이것이
라 분명히 정의하기 어렵고 그 역할도 한정할 수 없습니다. 속도도 빨
라서 순식간에 시공간을 초월하여 움직입니다. 아무리 오래된 과거
이든, 먼 미래이든 상관없이 물리적 한계 없이 다닐 수 있습니다. 이

렇다보니 알 듯 모를 듯 한 것이 사람의 마음입니다. 최근에는 뇌에 대한 연구가 활발해지면서 마음의 작용에 대한 과학적 접근이 시도되고 있습니다.

불교에서는 이러한 마음을 육근六根의 작용 중에 하나로 보기도 합니다. 육근에는 눈眼, 귀耳, 코鼻, 혀舌, 몸身, 생각意이 있으며 눈, 귀, 코, 혀, 몸이라는 오근五根의 작용을 육체적인 것으로, 생각의 작용을 정신적인 것으로 설명합니다. 이 생각이 마음입니다. 또한 눈, 귀, 코, 혀, 몸, 생각은 다시 의식識으로 귀결됩니다. 예를 들어, 눈이 있고, 보이는 대상이 있어도 눈의 시신경[眼識]이 없으면 대상이 무엇인지 알 수가 없습니다. 시각 장애를 갖고 있는 사람이 사물을 보지 못하는 것에 비유하면 적절할 것입니다. 또한 귀, 코, 혀, 몸, 생각도 의식과 함께해야 무엇인지 알 수 있습니다. 이처럼 육근과 함께하여 대상을 알게 해주는 순수한 의식을 마음으로 보기도 합니다. 즉, 모르던 것을 알게 해주는 것이 마음의 작용입니다. 따라서 마음은 '앎'의 대상인 '생각'이 되기도 하고 '앎' 그 자체인 '의식'이 되기도 합니다. 이러한 마음을 알고 다루며 익히는 것을 마음공부라고 합니다.

명상을 통해 마음을 다루는 것은 인간만이 할 수 있는 고유한 능력이라고 볼 수 있습니다. 인간은 대상을 알고, 그 아는 마음을 다시 지켜보는 능력이 있습니다. 인간의 마음은 상위인지meta-cognition를 할 수 있다는 것입니다. 마음이 마음을 보는 것입니다. 예를 들어, 먹고 싶은 음식이 앞에 있을 때, 인간은 음식을 대상으로 먹고 싶은 마음을 일으킵니다. 일반적인 아는 마음입니다. 그리고 자신이 노력하면 '먹고 싶어 하는 마음이 일어나고 있다'는 사실도 알 수

의식 깨어있는 상태에서 자신이나 사물에 대해 인식하는 작용을 말한다. 불교에서는 다른 신체기관인 안(眼)·이(耳)·비(鼻)·설(舌)·신(身)과 더불어 6가지 식(識) 중 하나로 분류한다.

있습니다. 이것이 상위인지입니다. 이러한 상위인지는 음식이 대상이 아니라, 식욕을 일으키고 있는 나의 마음이 대상이기에 필요여하에 따라서 조절할 수 있습니다. 음식 자체가 아닌, 음식을 통해 일어나는 마음으로 대상을 바꾸었기에 조절할 수 있는 것입니다. 하지만 사자의 경우는 자신의 마음을 바라보지 않습니다. 배고프면 잡아먹고 배부르면 먹지 않습니다. 오직 욕구에 충실할 뿐입니다. 물론 이러한 인간의 마음은 부정적 기능도 가지고 있습니다. 인간은 현재에 나타나지 않은 문제에 대해서도 후회, 근심, 걱정, 불안 등의 다양한 심리적 괴로움을 양산합니다. 이것이 인간의 마음이며 이러한 마음을 다루는 것이 명상입니다.

008 명상의 종류에는
어떠한 것들이 있나요?

TV에서 명상에 대해 소개하는 내용을 보니 소개하는 사람에 따라 조금씩 다른 명상을 알려주는 것 같습니다. 그만큼 다양한 명상들이 있다는 의미일 것 같은데, 명상의 종류에는 어떤 것들이 있는지 알고 싶습니다.

명상은 다양한 문명권에서 다양한 방식으로 전해진 인류의 정신문명의 하나입니다. 그런 만큼 명상은 하나가 아니라, 다양한 방법으로 전해집니다. 또한 명상은 반드시 종교적 범주로 이해되는 것도 아닙니다. 명상은 정신을 계발하는 방법이자, 인격의 완성으로 나아가는 많은 방법 가운데 하나입니다. 비종교적 측면에서 보자면, 중국 도가道家 전통에서 전해지는 명상을 예로 들 수 있을 것입니다. 도가는 노자와 장자의 사상을 중심으로 한 철학사조라고 할 수 있습니다. 노장 가운데, 구체적인 명상법의 내용을 알 수 있는 것은 장자입니다. 장자의 심재心齋와 좌망坐忘 등이 언급될 수 있습니다. 이를 바탕으로 도교는 내관존사內觀存思, 수일守一, 송경誦經, 토납법吐納法 등과 같은 명상법을 발전시켜 나가게 됩니다. 한편 그리스의 피타고라스학파에서도 일종의 명상법이 수련되었다고도 전합니다.

이에 반해 종교 전통에서의 명상은 매우 풍부합니다. 대표적으로 불교, 힌두교, 자이나교, 도교, 기독교, 이슬람교와 같은 대부분의 종교는 나름의 명상법을 발전시켜 왔습니다. 특히 불교의 경우는 다양한 명상법을 발전시켰습니다. 대표적으로 위빠사나 명상과 사마타 명상으로 구분하고, 세부적으로 들어가면 간화선, 염불, 관상, 까시나 수행, 호흡명상, 부정관 등과 같은 다양한 명상법이 있습니다. 힌두교의 경우도 사마타, 만트라, 요가 등과 같은 명상법이 있고, 자이나교 역시 사마타 등으로 분류되는 여러 명상법을 수행의 방법으로 수용 내지 발전시켰습니다. 도교는 앞서 언급한 내관존사 등등이 있고, 기독교에서는 묵상이나 관상과 같은 명상법들이 전해집니다. 이슬람의 경우는 특히 수피즘과 같은 신비주의 전통에서 수피댄스와 같은 방식의 명상법을 발전시켰고, 알라에 대한 억념憶念 역시 명상의 일종이라고 할 수 있습니다.

달리 명상법의 종류를 구분하자면, 명상의 방법적 특성에 따라 명상을 구분하는 것입니다. 예를 들어 집중을 특징으로 하는 집중명상사마타과 마음이나 현상의 변화 과정을 관찰하여 존재의 특성을 통찰하는 통찰명상위빠사나으로 구분할 수 있고, 달리 움직임이 있느냐 없느냐에 따라서 정적 명상과 동적 명상으로 구분하기도 합니다.

오늘날에는 종교적 전통에서 기원했지만 비종교적 특성을 강조하면서 치유적 특징을 내세우는 명상법들이 있습니다. 대표적으로 스트레스를 해소하거나 조절하는 데 탁월한 MBSRMindfulness

마음챙김 원어는 sati이고, 알아차림으로도 번역되며, 주시(注視)라는 뜻을 갖는다. 영어로는 mindfulness로 번역하는데 명상 대상을 의도적, 지속적으로 지켜보는 마음의 기능을 말한다.

Based Stress Reduction, 이것과 관련하여 나온 MBCTMindfulness Based Cognitive Therapy, ACTAcceptance and Commitment Therapy, DBTDialectical Behavior Therapy 와 같은 프로그램은 모두 불교의 마음챙김sati, 사띠 명상을 핵심으로 발전시킨 명상프로그램들입니다. 그 외에도 춤에 명상적 특징을 결합시킨 춤명상, 음악을 들으면서 하는 음악명상, 먹으면서 하는 먹기명상, 몸의 자극이나 느낌을 관찰하는 바디스캔, 그 외 각종 이완을 목적으로 하는 프로그램들도 명상의 범주에서 이해할 수 있습니다. 이렇게 보면, 명상이란 그 범주가 매우 넓음을 알 수 있습니다.

참조 '위빠사나'는 37번, '호흡명상'은 22번, '간화선'은 25번, '음악명상'은 17번의 답변을 참조하시면 도움이 됩니다.

009 종교마다 고유한 명상법이 있나요?

'명상'하면 불교가 제일 먼저 떠오르는데요, 다른 종교에도 '명상' 같은 게 있나요? 있다면 어떤 것들이 있는지, 상호 관련성은 있는지 알고 싶네요.

불교가 명상과 특별히 깊은 관계를 가지는 것은 사실이지만, 명상은 동서양을 불문한 다양한 문명이나 종교에서도 공통적으로 발견되는 요소입니다. 단, 종교에 따라 용어나 구체적인 실행 방법, 목적 등에서 차이를 보입니다.

예를 들어, 기독교에서 하는 묵상默想, 관상觀想, 혹은 향심向心 역시 명상의 일종입니다. 묵상은 성경의 말씀을 하나님의 말씀으로 받아들여 이를 꾸준히 반복하여 생각하며 정신을 집중하는, 다소 인지적인 면이 강한 명상입니다. 한편, 관상contemplation은 하나님과 일치되는, 말하자면 하나님의 현존을 직접적으로 체험하는 영적 경험을 말합니다. 이 둘은 기독교 명상의 중심을 이룹니다. 기독교 명상은 독서 → 묵상 → 기도 → 관상의 네 단계로 전개되는데, 묵상이 독서성경 읽기를 기반으로 한 명상이라면, 관상은 기도를 통해 하나님의 현존을 체험하는 것입니다. 한편, 향심은 관상법을 현대적으로 재해석하여 발전시킨 명상법입니다. 기독교 역시 이런 명상법을 통해 하나님의 말씀에 대한 믿음과 영적 체험 등을 경험함으로써 지극한 행복에 이를 수 있다고 보고 있는 것입니다.

도교에도 내관존사内觀存思나 수일守一, 송경誦經 등의 명상 수행법이 있습니다. 내관존사란 하늘의 해나 달, 별과 같은 대상을 장기 등의 신체 내부의 대상과 관련지어 이미지화하는 방법입니다. 즉, 우리의 신체 내부를 구성하고 있는 오장육부를 외계 대상의 사물을 관찰하듯이 바라보는 수련법으로, 이는 신체를 소우주이자 나아가 대우주의 일부로 보는 도교의 철학적 입장에 근거하고 있습니다. 이를 통해 대우주로서의 신체에 대한 자각을 일으키고, 나아가 우주적 질서에 따라 자신을 갱신해 가려고 하는 것으로 생각됩니다. 수일은 내부의 빛을 만물의 근원과 인간 자신에게 비춤으로써 장생불사하려는 수행법이며, 송경은 도교의 경전을 반복적으로 소리 내어 읽는 것에 의해 지금의 나를 변화시키려는 수행법입니다. 이 외에도 호흡법, 좌법 등 도교에는 다양한 명상 수행법이 있습니다.

이와 같이 명상은 불교뿐만 아니라 동서양의 다양한 종교에서도 유사한 형태를 찾아볼 수 있습니다. 그리고 서로 영향을 주고받으며 발전하였습니다. 예를 들어, 묵은 것은 내보내고 새로운 것을 받아들이는, 말하자면 복식호흡을 통해 하늘의 기를 들이쉬고 몸 안의 탁한 기운을 내보낸다는 토납법吐納法이나, 병을 치료하고 피로를 푸는 육자결六字訣 등의 도교식 호흡법은 양생에 초점이 맞추어져 있다

육자결 거병연수육자결(去病延壽六字訣)의 줄임말로, 병을 제거하는 데 도움이 되는 호흡법을 말한다. 퇴계 이황선생이 건강을 위해 평소 육자결을 했다고 전한다. '취, 허, 휴, 수, 후, 히'라는 소리를 내면서 호흡을 하는 것을 말한다.

는 점에서 불교의 전통적인 호흡 방법이나 목적과는 다르지만, 중국의 천태불교에 수용되어 그 수행법의 확립에 기여하였습니다.

010 한가해졌을 때
명상해도 되지 않을까요?

저더러 명상을 해보라고 자꾸 권하는 사람이 있습니다. 그런데 해야 할 일도 많고 너무 바빠서 명상 할 시간을 내기가 어렵습니다. 이런 경우, 명상을 할 수 없는 거 아닌가요? 나중에 좀 여유가 생긴 다음에 해도 되지 않을까요? 어떻게 하는 게 좋은지 알려주세요.

정해진 시간에 모든 여건이 완벽하게 갖추어진 곳에서 명상을 해야만 효과를 볼 수 있다는 생각은 또 하나의 집착이 될 수 있습니다. 물론 여건이 된다면 시간이나 조건 등이 안정된 상태에서 하는 것이 좋겠지만, 현대인들은 대부분 바쁜 일상을 보내기 때문에 이는 쉽지 않은 일입니다. 어렵게 시간을 내느라 애쓰기 보다는 시간과 장소에 구애받지 않고 언제 어디서나 실천 가능한 '생활명상'을 활용해 볼 것을 권장합니다. 생활명상이란 자신이 놓인 상황이나 여건에 맞추어 일상생활 속에서 틈틈이 명상을 실천하는 것을 말합니다.

　　　　예를 들어, 출퇴근하는 버스나 전철 안에서, 혹은 음식점에서 주문하고 기다릴 때, 혹은 점심식사 후 잠시 휴식을 취할 때 등, 아주 잠깐 동안이라도 호흡이나 원하는 대상에 마음을 모으고 다양한

생각들을 멈추는 것입니다.

　　사무실에 앉아서 일을 하는 시간이 많은 사람이라면, 좀 더 적극적으로 편안하게 명상 자세를 취해 보는 것도 좋습니다. 먼저 편안하게 의자에 앉은 후 눈을 감은 채 두 팔은 무릎 위에 두고 손은 편안하게 아래를 향해 내려놓습니다. 이 상태에서 자연스럽고 편안하게 호흡을 하며, 호흡에 의식을 집중합니다. 걷거나 청소를 하는 등 몸을 움직이고 있을 때도 명상은 가능합니다. 일상생활에서 자신이 하는 행동을 있는 그대로 관찰하여 알아차릴 수만 있다면 시간이나 주변 환경 등과 무관하게 명상의 효과를 얻을 수 있습니다. 특히 잠들기 전에 잠깐만이라도 명상을 실천한다면, 마음을 가라앉히고 스트레스를 줄여 수면의 질을 높일 수 있을 것입니다.

이때 시간을 정해 놓을 필요는 없습니다. 시간을 정해 놓으면 마음이 매여 자유롭지 못합니다. 명상을 해야겠다는 생각이 들면 편안하게 시작하고, 하다가 무슨 이유로든 지속하기 힘들어지면 자연스럽게 끝내면 됩니다. 하루에 몇 번을 하더라도 상관없습니다. 문제는 명상이 내 삶의 질을 개선해 줄 수 있다는 생각과 아주 짧은 시간을 통해서라도 이 생각을 확인하는 기회를 갖는 것입니다.

참조 '생활명상'은 40번, 명상과 수면의 관계는 13번, 51번, 58번, 73번의 답변을 참조하시면 도움이 됩니다.

011 명상, 언제 하는 게 좋나요?

하루 중 명상을 하기에 적합한 시간이 따로 있는지 궁금해요. 이른 아침이나 늦은 저녁처럼 조용한 시간대가 좋을까요? 또한 식사 후 배가 부른 상태에서나 회식 자리에서 술을 마시고 와서 명상을 해도 되나요?

일반적으로 명상은 이른 아침이나 늦은 밤 등, 비교적 주변 환경이 조용하여 가능한 외부환경에 영향을 받지 않는 시간대에 해야 할 것이라는 선입견을 갖고 있지만, 사실 명상에 적합한 시간은 따로 정해져 있지 않습니다. 자신의 하루 일과 중에서 아주 짧은 시간이라도 집중 가능하다고 판단된다면, 그 시간을 활용하면 됩니다. 한편, 금방 밥을 먹어 배가 몹시 부른 상태일 때는 앉아서 하는 명상은 하지 않는 것이 더 좋습니다. 이때는 혈액이 위장 계통으로 쏠리게 되어 상대적으로 뇌에 혈액 공급이 줄어들면서 졸림 현상이 발생하는데, 좌선을 한다고 무리하게 앉아 있으면 소화도 잘 안 되고 졸음과 싸우느라 괴롭기만 합니다. 식후의 좌선은 소화에도 좋지 않고, 주의 집중에도 방해가 됩니다. 따라서 식사 후에는 가벼운 산책 혹은 걷기명상을 하거나 잠시 휴식을 취한 뒤, 몸이 부담감을 느끼지 않게 되었을 때 좌선을 시도하는 것이 좋을 것 같습니다. 배고픔을 예민하게 느끼는 사람은 식전 명상도 별로 적절하지 않습니다. 배고픈 상태를 잘 견디는 사람은 별 문제가 없겠지만, 일반적으로 배가 너무 고프면 배고픔에 신경이 쓰여 정신 집중이 어렵습니다.

음주 후의 명상도 피하는 것이 좋습니다. 술을 마시면 심신이 흥분하여 고양되거나 혹은 심신이 이완되어 수면에 빠지곤 합니다. 이때는 정신 집중이 불가능한 상태이므로 명상은 적합하지 않습니다. 불교에서는 불교도의 실천 덕목인 오계 가운데 불음주계, 즉 '방일放逸의 원인'인 술을 떠나라고 권장합니다. 방일이란 나태나 게으름, 마음챙김sati을 잃어버린 상태 등을 표현하는 말입니다. 즉, 술은 명료한 각성 상태를 상실하게 하는 주범입니다. 명상이 자신의 심신의 변화를 있는 그대로 관찰하며 희로애락을 떠나 평정심을 찾아가는 길이라는 점을 상기해 본다면, 음주 후의 명상은 무모한 일입니다.

언제 명상을 하면 좋은가, 그것은 명상을 실천하는 주체인 자신에게 물어보는 것이 가장 좋습니다. 잡무로부터 자유로운 이른 아침이 좋은 사람도 있고, 바쁜 일상 속에서 잠시 틈을 내어 명상을 하는 것이 좋은 사람도 있을 것입니다. 또한 하루를 마무리하며 잠들기 전에 명상을 하는 것이 편안한 사람도 있을 것입니다. 중요한 것은 언제 하는가가 아니라, 자신이 집중할 수 있는 시간을 활용하여 집중적으로 꾸준하게 하는 것입니다. 이렇게 한다면, 시간대에 상관없이 명상의 효과는 충분히 볼 수 있습니다.

참조 '좌선'은 2번, '걷기명상'은 35번의 답변을 참조하시면 도움이 됩니다.

012 하루에 얼마만큼, 몇 년쯤 해야 효과를 보나요?

명상의 효과를 보려면 하루에 몇 시간씩 몇 번을 하는 게 좋은가요? 또, 어느 정도의 기간 동안 해야 되나요? 시간 측정을 위해 알람시계를 맞춰 놓고 하는 것은 괜찮은가요?

명상을 할 때 지켜야 할 시간의 길이나 횟수는 정해져 있지 않습니다. 초보자의 경우에는 보통 5분이나 10분 정도의 짧은 시간을 하루에 한 번만 해도 됩니다. 그러다 조금 익숙해지면 최소한 15분 정도를 목표로 삼아 실천해 볼 것을 권장합니다. 명상을 시작하는 단계에서는 자세를 가다듬고 호흡을 다스리는 시간이 필요합니다. 또한 명상을 끝낸 후에도 본래의 상태로 돌아오는 시간이 필요한데, 이러한 일련의 과정을 편안하게 거치려면, 최소한 15분 정도는 확보하는 것이 안정적일 것으로 생각됩니다. 15분 정도에서 하루 45분 내지 1시간 정도까지 늘려갈 수 있다면 좋을 것입니다. 한편, 생활 속에서 자투리 시간을 활용하다 보면 사실 3~5분 정도의 짧은 시간밖에 사용할 수 없는 경우도 있는데, 이 정도만 매일 실천해도 그 만큼의 효과는 있습니다.

사람에 따라 기질이나 능력에 차이가 있으므로 효과를 볼 수 있는 구체적인 시간의 양을 제시하기 어렵습니다. 시간이나 횟수에 구애받지 않고 틈나는 대로 매일매일 꾸준하게 실천하는 것이 무엇보다 중요합니다. 5분씩 하루에 한 번만 해도 좋고, 10분씩 하루에 몇 번을 해도 좋습니다. 자신의 여건이 허락되는 한 꾸준하게 하는 것이 중요합니다. 문제는 지속성과 집중의 정도입니다. 도중에 그만 두거나 명상을 하더라도 집중하지 못한 채 끝낸다면 명상의 효과는 보기 어렵습니다. 따라서 짧은 시간이라도 반복적이고 지속적으로, 또한 집중적으로 실천해 가려는 의지가 중요합니다. 이렇게 하다보면 자신에게 적절한 시간을 파악하게 되고, 나아가 명상의 실천을 통해 심신의 변화를 느끼게 되면, 실천하는 횟수나 기간 역시 본인의 판단에 따라 조절하게 될 것입니다. 자신에게 맞는 시간과 횟수, 방법 등을 찾아내기 위해서는 지속적인 실천이 필요합니다.

명상을 시작할 때 무조건 오랜 시간을 해야만 한다고 마음먹을 필요는 없습니다. 왜냐하면 시간에 집착하다 보면 명상에 집중할 수 없으며, 뭔가에 쫓기는 것 같은 불안감이 들어 마음이 불편할 수 있기 때문입니다. 또한 시계의 초침 소리가 명상을 방해할 수도 있습니다. 그냥 편안하게 명상 상태에 집중하다가 자연스럽게 마무리하는 것이 좋습니다. 명상 시간과 효과는 정비례하지 않으므로 무리하게 오랜 시간을 하려하는 것은 별 의미가 없습니다.

013 잠자리에서 명상해도 되나요?

명상을 하면 이완이 잘 된다는 말을 듣고 잠자리에 누워서 명상을 해봤는데 오히려 정신이 또렷해지는 경험을 했습니다. 제가 뭔가 잘못했던 걸까요? 아니면 잠자리에서는 명상을 하면 안 되는 건가요?

취침 전 잠자리에서의 명상은 신체 이완이나 정신적인 스트레스 완화 등으로 숙면을 취하는 데 많은 도움을 주기 때문에 적극 추천합니다. 잠자리에 누우면 대부분의 사람들은 머릿속이 잡념으로 가득 찹니다. 그 날 하루 동안 있었던 좋고 나쁜 일은 물론이거니와, 때로는 몇 년 전의 기억들까지 떠올리며 머릿속을 가득 채웁니다. 그러다보니 이런 저런 생각으로 신경이 자극을 받게 되고, 그 결과 숙면을 취하지 못해 다음 날까지 두통과 피로 등으로 고생하기도 합니다.

명상은 이러한 정신적인 스트레스를 줄여 숙면을 취할 수 있도록 해 줍니다. 다만, 잠을 자야한다는 심리적 부담을 느끼면서 명상을 하게 되면 그 자체가 또 하나의 잡념이 되어 심신을 압박하며 스트레스로 작용하게 됩니다. 이렇게 되면 명상의 효과는 제대로 볼

수 없습니다.

　　명상을 할 때는 생각이 떠올랐음을 알아차리는 것이 무엇
보다 중요합니다. 생각이 머릿속에서 이리저리 마음대로 돌아다니고
있다는 것을 알아차려야 합니다. 사실 이 작업은 그리 쉬운 일은 아닙
니다. 생각은 꼬리에 꼬리를 물고 나타나 이미 지나간 과거나 아직 오
지도 않은 미래까지 걱정하며 망상妄想을 피우기 마련입니다. 지나간
과거에 대한 후회나 다가오지 않은 미래에 대한 근심을 제거하기 위
해서는 현재 자신의 신체에서 일어나는 감각에 주목하는 것도 한 방
법이 될 것입니다. 예를 들어, 눈꺼풀이 무거워져 오면 눈꺼풀이 무거
워져 오고 있다는 사실을 알아차리고, 몸이 나른해지면 몸이 나른해
지고 있다는 사실을 알아차리며 편안하게 집중하는 것입니다. 순간
순간 정신이 또렷해지는 현상을 느껴도 그 사실에 집착하지 말고 그
대로 알아차리며 '내 정신이 또렷해지고 있구나.'라고 있는 그대로 편
안하게 받아들이는 것입니다. 그러다보면 심신이 이완되면서 잠이

들게 됩니다.

악몽이나 다음 날의 피곤은 잠자리에서 떠올린 갖가지 망상에 기인하는 경우가 많습니다. 또한 이런 저런 잡념에 뒤척이다 보면 불편한 자세로 잠들어 버릴 수도 있습니다. 잠자리 명상은 잡다한 생각을 없애 마음을 편안하게 해 줄뿐만 아니라, 올바른 자세로 신체를 이완시켜 주기도 합니다. 따라서 잠자리 명상으로 하루를 편안하게 마무리한다면 숙면을 취하여 다음 날의 컨디션 조절에도 많은 도움을 줄 수 있습니다. 숙면 자체가 명상의 목적은 아니지만, 평상시 잠자리 명상을 통해 생각을 멈추고 심신을 평온하게 하는 방법을 꾸준히 실천한다면 본격적인 명상을 실천할 때도 많은 도움이 됩니다.

참조 '망상' 또는 '잡념'은 93번, 명상과 수면의 관계는 51번, 58번, 73번의 답변을 참조하시면 도움이 됩니다.

014 명상 초보자입문자는 어떤 마음가짐을 가져야 하나요?

명상을 처음 시작하려는 초보자입니다. 저 같은 사람이 명상에 임하면서 가져야 할 마음가짐이 따로 있나요? 그냥 바로 시작하면 되는 건지, 어떤 마음의 준비를 먼저 해야 하는 건지 알고 싶습니다.

'나는 왜 명상을 하려는 걸까?' 적어도 이 물음에 대해 진지하게 생각해 본 후 명상을 시작하는 것이 좋습니다. 물론 이때 내린 답은 정답이 아닐 수 있으며, 명상을 실천해 가다 보면 바뀔 수도 있습니다. 하지만 시작하는 단계에서 자신이 어떤 변화를 원해서 명상을 하려고 하는지 인식해 두어야만, 명상을 실천하는 과정 속에서 그 변화를 나침반 삼아 스스로를 점검하며 명상을 지속해 갈 수 있습니다.

명상은 분주한 일상생활 속에서 놓치고 살았던 심신의 움직임과 변화를 관찰하는 것입니다. 특히 마음을 잘 관찰하여 옳고 바른, 긍정적인 마음을 배양함으로써 올바른 방향으로 심신을 다스려 가고자 하는 것입니다. 이를 통해 우리는 심신 치유의 효과나 힐링 등도 경험할 수 있습니다.

이처럼 명상이 긍정적인 방향으로 심신을 개선해 가는 방법이라면, 시작하는 단계에서 그 의미와 더불어 약간의 마음 준비 작업이 필요합니다. 불교를 예로 들면, 탐욕·성냄·어리석음貪瞋癡이 없는 마음으로 명상을 실천하려는 노력을 권장합니다. 여기서 탐욕·성냄·어리석음이란 명상 그 자체를 방해하는 요인들입니다.

예를 들어 탐내는 마음을 갖고 무언가를 강렬하게 원하며 명상을 한다면, 이는 또 하나의 잡념이 되어 명상을 방해합니다. 어떤 상태에 도달하려는 욕구가 명상을 수단으로 전락시키며 그 본래 의의를 상실해 버리기 때문입니다. 또한 불만스럽고 화나는 마음으로 명상을 한다면 명상에 집중하기 힘듭니다. 한편, 명확히 알지 못하면서 자신의 얄팍한 지식을 고집하며 어리석은 마음으로 명상을 한다면, 이 역시 명상을 지속시키지 못합니다. 따라서 바람직하지 않은 이러한 마음을 가능한 한 버리고, 명상 실천의 의미를 되새기며 생각을 정립한 후 명상을 실행할 필요가 있습니다.

명상은 지금까지 알게 모르게 실천해 왔던 심신의 잘못된 모든 습관을 내려놓는 작업입니다. 지나치게 고민하고, 지나치게 매달리고, 또 지나치게 감정적으로 대응하며 자신의 마음을 괴롭혀 온 갖가지 습관을 꿰뚫어 보고 버리는 과정이기도 합니다. 이를 통해 평온한 일상을 되찾아 가면, 우리의 심신은 깨어 있게 됩니다.

명상은 호기심에서 시작해도 좋습니다. 아침에 명상을 하는 경우에는 활력 있는 하루의 시작을 기원하는 마음으로, 저녁에 퇴근 후의 명상은 바쁘게 보낸 일상을 회상하며, 나를 위한 휴식을 취한다는 생각으로 시작하셔도 좋을 것 같습니다. 더 나아가 명상 실천의 의미를 올바르게 인식한다면, 분명 명상을 자신의 인생에서 매우 중요한 일로 여기게 될 것입니다. 이는 명상을 적극적이고도 꾸준히 실천하게 만드는 원동력이 됩니다.

015 명상할 때
제한사항이 있나요?

명상하기 전에 먹지 말아야 할 음식이나 조심해야 할 것, 제한해야 할 것이 있나요? 몸이 좋지 않거나 몹시 피곤한 날, 또는 술을 마신 날에도 명상을 하는 게 좋을까요? 그런 날에는 그냥 쉬어주는 게 더 좋은 가요?

명상을 할 때 특별히 제한사항은 없습니다. 하지만, 될 수 있으면 몸이 편안한 상태에서 명상을 하는 것이 훨씬 효과는 있을 것입니다. 예를 들어, 과식한 후나 식후 곧바로 앉아서 하는 명상좌선을 한다면 위장의 불편함으로 정신을 집중하기 어렵습니다. 위장이 음식물을 소화시키느라 애쓰다 보면 졸리는 현상도 발생할 것이므로, 명상이 제대로 이루어지기 어렵겠지요. 가능하면 식사 후에는 걷기명상 등을 통하여 음식물을 어느 정도 소화시킨 뒤에 앉아서 하는 명상을 하는 것이 좋습니다. 또한 술을 마신 후에도 명상은 적합하지 않습니다. 술을 마시면 정신 집중은 거의 불가능합니다. 몸 역시 알코올의 영향으로 나른해져 있는 상태이므로, 여러 가지 면에서 음주 후의 명상은 부적합합니다.

카페인이 많이 든 음식도 개인적 차이는 있겠지만 별로 추천하고 싶지 않습니다. 카페인 섭취는 뇌를 각성시켜 신경과민이나 신경질, 불안이나 두통 등과 같은 부정적인 효과를 나타내는 면이 있기 때문에, 심신을 안정시켜야 할 명상 전에 굳이 섭취할 필요는 없을 것입니다. 물론 이는 개인적으로 차이가 있기 때문에 본인이 스스로 판단할 문제이기는 합니다.

한편, 너무 피곤할 경우에 앉아서 하는 명상은 바람직하지 않습니다. 누워서 하는 명상이나 편하게 기대어 하는 명상을 권유합니다. 몸을 가누기도 힘들 정도로 피곤할 때는 명상보다는 휴식이 좋겠습니다. 다만, 몸은 피곤한데 머릿속이 복잡하여 명상을 하고 싶을 때는 편안한 자세로 호흡을 가다듬으며 심신을 안정시키는 정도로 하면 좋을 것입니다.

명상을 위해 특별한 식단이나 생활 태도를 고집한다면 이 역시 하나의 집착이 되어 마음을 불편하게 할 수 있습니다. 명상을 실천하다보면 저절로 자신의 몸이 원하는 것이 무엇인지, 가장 편안한 상태는 어떤 것인지 알게 됩니다. 이러한 느낌을 잘 파악하여 수용하는 것이 중요합니다.

참조 '좌선'은 2번, '걷기명상'은 35번의 답변을 참조하시면 도움이 됩니다.

016 명상에 대한
사전 지식이 필요한가요?

명상을 시작하기 전에 명상에 대한 배경 지식또는 사전 지식을 알고 있어야 하나요? 만약 그렇다면 어떤 책이나 자료를 참고하면 좋은지 알려 주시면 좋겠습니다. 사실, "지식이 많으면 오히려 방해가 된다."고 말하는 걸 들은 적도 있어서 어느 쪽이 맞는지 혼란스러운 면도 있습니다.

가능하다면 처음 시작할 때 초보자용 교재 한 두 권 정도는 대충이라도 읽어 둘 것을 권장합니다. 명상의 기본적인 의미를 이해하고, 명상 실천의 과정이나 효과를 간접적이나마 인지한 후 명상을 실천하는 것이, 명상 체험 초반에 일어날 수 있는 여러 불안이나 의혹, 좌절 등을 감소시킬 가능성이 높기 때문입니다. 막연한 기대만 갖고 시작하게 되면, 명상 중에 경험하게 되는 다양한 심신의 변화를 편안하게 수용하지 못한 채, 서둘러 자신을 '명상 부적합자'로 판단해 버릴 위험이 있습니다. 기초적이나마 이론을 정립한 후 실천하는 것이 안정감 있는 출발을 위해 유익할 것입니다.

　　명상 지도자의 지도를 받으며 명상을 할 수 있는 사람은 사전 지식 없이 시작해도 괜찮습니다. 명상 지도자가 중간 점검을 통해

명상 중 경험하게 되는 다양한 현상에 대한 의문을 해소해 줄 것이고,
또한 이끌어 줄 것이기 때문입니다.

한편 많은 지식을 얻은 후 명상을 하겠다고 하는 것도 바람
직하지 않습니다. 약간의 기본 지식을 얻고 나면, 곧바로 실천을 통해
명상을 경험해 보는 것이 좋습니다. 직접 명상을 하다보면, 자신에게
맞는 방법이나 문제점 등을 느끼게 되며, 이를 책이나 명상 지도자의
조언을 통해 극복해 가게 됩니다. 한 마디로, 명상이라 해도 사람에
따라 구체적인 명상의 방법이나 과정은 조금씩 다를 수 있으므로, 직
접 실천해 봄으로써 자신에게 맞는 방법을 찾아낼 필요가 있습니다.
또한 아무리 안내 책자에 설명이 잘 되어 있다 해도, 스스로 체험해
보는 것과 아닌 것 사이에는 큰 차이가 있습니다. 따라서 일단 적극
적으로 실천해 볼 필요가 있습니다. 경험 없이 지식만 쌓아가다 보면,
오히려 명상법이나 지도해 주는 명상 지도자의 말에 대해 의심을 품
고 무시하거나, 책이나 경전에서 본 지식을 마음대로 해석하는 등의
부작용이 생길 수도 있습니다. '지식이 많으면 오히려 방해가 된다'는
것은 지식 자체가 명상 실천에 방해가 된다는 의미라기보다는, 많은
지식으로 인해 교만심에 빠져 실천을 등한시하거나 경전 구절 등을
제멋대로 해석·적용하는 등의 문제가 생길 수도 있다는 점에 대한 우
려가 아닐까 생각됩니다.

명상을 처음 접하는 초보자의 경우, 어려운 명상법이나 종
교에서 진행하는 명상법들보다 이완, 심리치유 관련의 대중서적에
소개된 명상부터 시작해 보실 것을 권유합니다. 지금 읽고 계신 이 책
도 도움이 되실 것입니다.

017 명상 음악을 틀어놓고 해도 돼요?

평상시에 차분한 음악을 들으면 마음이 편안해지는 것을 경험하곤 했습니다. 이렇게 조용한 음악이나 명상 음악 같은 걸 들으면서 명상을 해도 되나요? 명상할 때 들으면 좋을만한 음악을 추천해주시면 좋겠습니다.

음악을 들으면서 명상을 해도 되지만, 권장하지는 않습니다. 명상을 처음 실천하는 사람의 경우, 음악을 들으며 명상을 하는 것이 더 편안하고 집중하기 쉽다고 느낄 수 있습니다. 외부로부터의 다양한 자극이 차단되면서 집중도가 높아져 머릿속에 떠오르는 잡념이 일시적으로 사라지는 느낌을 받기도 합니다. 그러나 이러한 느낌들에 의존하여 명상을 할 때마다 항상 음악을 찾다보면, 습관이 되어 나중에는 음악 없이는 명상을 할 수 없게 됩니다. 또한 음악으로 인해서 연상되는 여러 가지 이미지나 생각들에 휩쓸려 가버릴 수도 있습니다. 따라서 음악과 같은 외부적인 도구에 의존하는 것은 별로 바람직하지 않다고 생각됩니다.

꼭 음악을 활용하고 싶다면 자연의 소리를 그대로 녹음하거

나 이에 약간의 악기 연주를 더한 정도의 음악을 사용하는 것이 좋을 것입니다. 가사가 있거나 요란스러운 음악은 명상에 전혀 도움이 되지 못합니다. 또한 감정을 흔들 수 있는 음색의 음악이나 신경을 건드리는 날카로운 음색의 음악도 좋지 않습니다. 특히 초보자의 경우에는 처음 명상 습관을 제대로 잡는 것이 중요하므로, 음악에 의존하지 않도록 주의해야 합니다. 명상에 익숙해진 후에는 좀 더 자유롭게 음악을 통한 이완을 도모해도 별 부작용은 없을 것입니다.

한편, '음악명상'이라고 하여 음악을 이루는 소리나 가락, 리듬 등에 의식을 집중하는 명상도 있습니다. 이때는 음악 자체가 집중의 대상이 된다고 할 수 있습니다. 명상은 실천하는 방법이나 목적에 따라 다양하게 정의될 수 있습니다. 광의적인 의미에서 본다면, 심신을 힐링할 수 있는 모든 도구나 수단이 다 명상 실천의 한 방법이 될 수 있습니다. 음악은 우리의 심신을 힐링할 수 있는 가장 대표적인 방법입니다. 특정한 음악이나 소리를 접하면, 이는 뇌파 및 교감·부교감 신경으로 전달되어 다양한 반응을 일으킵니다. 날카로운 음색의 음악보다는 부드럽고 온화한, 특히 자연의 소리를 닮은 음악이 사람에게 원초적인 편안함을 느끼게 합니다. 흘러가는 시냇물 소리, 지저귀는 새소리, 들릴 듯 말 듯 스쳐가는 바람소리 등은 조용한 생명력을 강하게 전달해 주며 에너지를 채워주기도 합니다. 여기서 한 걸음 나아가 종교음악은 보다 강력한 에너지를 전해 줍니다. 만트라나 범패 등을 활용한 불교식 명상음악은 음의 파동이 가지고 있는 생명 에너지를 종교적인 차원에서 심화시켜 현대인의 마음을 힐링해 줍니다. 일반 명상이 힘겹게 느껴진다면, 일상생활 속에서 음악명상을 통해 치유 효과를 누려보는 것도 좋을 것입니다.

명상음악 명상을 할 때 보조적 수단으로 사용하는 음악을 명상음악이라 한다. 딱히 정해진 것은 없지만, 동서양의 음악 가운데 마음을 편안하게 하는 데 도움이 되는 음악은 모두 명상음악으로 사용할 수 있다. 영어권에서는 Zen music 혹은 Meditation music이라고 하는데, 대개 가사 없이 간단한 악기나 자연의 소리 등을 이용한 음악이 많다.

018 명상 후 마무리는
어떻게 하면 좋을까요?

명상을 마친 후에 바로 일어나면 되는 건가요? 심호흡을 한다든가 하는 식으로 뭔가 마무리를 잘 해줘야 하는 거 아닌가요? 조용히 앉아서 명상하다가 바로 일어났을 때 어떤 문제가 생기지는 않을까 염려되어 여쭤봅니다.

명상 후의 마무리 작업으로 특별히 정해진 것은 없습니다. 하지만 명상의 대상에 집중되어 있던 의식을 점차 주변으로까지 확장하는 과정이 필요합니다.

명상을 할 때는 보통 눈을 감고 앉거나 천천히 특정한 동작을 취하면서 고요한 심신 상태를 유지하게 됩니다. 이때는 맥박이나 혈압 등도 모두 내려간 상태입니다. 그런데 명상이 끝났다며 갑자기 일어서거나 빠르게 움직인다면 현기증을 느낄 수도 있고, 발 저림 등으로 인하여 몸이 휘청거릴 수도 있습니다. 의식 역시 갑작스러운 변화를 겪으면 혼란을 느낄 수 있습니다. 따라서 신체에 무리가 가지 않도록 서서히 움직이면서 한 자세나 한 동작을 취함으로써 굳어 있던 몸을 천천히 풀어주는 것이 좋습니다.

마무리 작업은 자신이 가장 편안하게 느끼는 방법으로 실행하면 됩니다. 여기서 한 가지 예를 든다면 다음과 같습니다. 명상을 마치려고 생각했으면, 먼저 명상을 하던 자세에서 천천히 심호흡을 합니다. 그리고 나서 가볍게 손발을 움직여 본 후, 마치 손발 끝으로 무언가 나쁜 기운이 빠져 나가는 듯한 이미지를 갖고 편안하게 늘어뜨려 둡니다. 이렇게 하면 명상 중일 때의 이완과는 또 다른 차원의 이완을 경험하게 됩니다. 한편 눈은 나중에 뜨는 편이 좋습니다. 갑자기 눈을 뜨면 순간적으로 많은 정보가 들어오게 되면서 명상을 통해 고요하고 평온해졌던 마음상태가 급격히 산만해지게 됩니다. 따라서 머리나 목, 어깨 등을 조심스럽게 움직이면서 충분한 여유를 갖고 눈을 뜨는 것이 바람직합니다.

평상시와 같은 상태가 되었다고 판단되면, 그 다음에는 자유롭게 자신이 원하는 자세로 몸을 풀어줍니다. 앉아서 스트레칭을 해도 좋고, 아니면 누워서 휴식을 취하며 좀 더 몸을 이완시켜 주어도 좋습니다. 혹은 요가 등을 통해 적극적으로 몸을 풀어주어도 좋습니다. 다만 너무 과격한 자세는 피하는 것이 좋으며, 명상으로 이완되고 집중되었던 심신을 자연스럽게 일상으로 되돌릴 수 있을 정도로만 움직이는 것이 바람직합니다.

019 명상은 불교에서
하는 거 아닌가요?

명상이 좋다는 말을 많이 듣긴 했는데, 저는 불교를 믿는 사람은 아니라서 시도해보는 데에 주저하게 되네요. 명상과 종교는 어떤 관계가 있는 건가요? 종교에 따라서 명상을 해도 되는 경우와 하면 안 되는 경우가 있는지요?

명상이라고 하면 신비주의의 일종쯤으로 여기는 선입관을 갖거나, 혹은 불교라는 특정 종교와 관련된 종교적인 행위라고 생각하여 타 종교인들은 실천을 꺼리는 경우가 있는데, 이는 오해입니다. 전자는 아마도 명상의 올바른 의미나 목적을 제대로 파악하지 못하여 발생한 오해로 보입니다. 한편 후자의 경우, 불교의 명상 전통이 다른 종교에 비해 훨씬 풍부하고 또 핵심적인 것은 사실입니다. 하지만, 다른 종교에도 명상과 유사한 방법으로 자신의 심신을 변화시키기 위한 수행법이 있습니다. 예를 들어, 기독교에는 묵상, 관상 혹은 향심向心이란 것이 있으며, 도교에는 내관존사內觀存思나 수일守一 등이 있습니다. 종교에 따라 명상의 중심이 되는 대상이 달라질 수는 있지만, 이런 집중을 통해 심신의 평온을 도모한다는 점에서는 공통될 것입니다. 따라서 명상을 불교 특유의 수행법으로 간주하여 회피할 필요는 전혀 없습니다. 명상이란 주의를 집중하여 자신의 심신을 올바른 방향으로 개선해 가는 하나의 방법일 뿐입니다.

　　최근에는 명상에 대한 갖가지 오해가 많이 풀려 많은 사람들이 편견 없이 명상을 실천하며 그 효과를 보고 있습니다. 명상의 효과가 과학적으로 입증되면서 종교 의식과는 무관한 다양한 명상법이 개발되고 있는데, 실제로 서양인들은 심신의 건강을 위해 이러한 명상법을 적극적으로 실행하고 있습니다. 종교가 많이 신경 쓰이는 분들은 이러한 것들을 찾아 실행하는 것이 좋을 것 같습니다. 예를 들어, 1970년대에 메사추세츠 대학교 의료센터의 존 카밧진Jon Kabat-Zinn과 동료 연구자들이 개발한 MBSR이라는 스트레스 감소 프로그램은 불교의 명상법 중 일반인들이 받아들이기 쉬운 것들을 선별하여 재구성한 것으로 종교와 무관하게 참가 가능합니다. 일상적으로 건강 관리를 위해 요가나 태극권 등을 하는 것처럼, 이 프로그램으로 스트레스를 관리하는 것입니다. MBSR 이후에 개발된 MBCT나 ACT, DBT 역시 종교와 상관없이 많은 사람들이 참가할 수 있는 내용으로 구성된 프로그램으로서, 현재 전 세계에 널리 보급되어 심리학계, 의학계, 철학계 등 다양한 분야에서 활용되고 있습니다. 따라서 명상을 특정 종교와 관련시켜 종교적 신념 때문에 거부하거나, 막연한 선입견을 가지고 피하기보다는 자신에게 맞는 명상법을 찾아 볼 필요가 있습니다.

존 카밧진 미국 메사추세츠 의과대학 병원의 '스트레스 완화 클리닉' 설립자로서 동 대학의 교수를 역임하였다. 만성 통증과 질병으로 고통받는 환자들이 마음챙김 명상을 활용하여 스트레스를 감소시킬 수 있도록 MBSR 프로그램을 만들고 이를 널리 보급했다.

참조 'MBSR'은 38번의 답변을 참조하시면 도움이 됩니다.

020 명상에 적절한
생활 태도가 있나요?

평소 어떤 생활을 하면 명상 실천에 도움이 될까요? 명상의 효과를
좀 더 배가시키기 위해 일상생활 태도에 있어서 특별히 유의해야 할
점이 있는지 궁금합니다.

명상을 하는 사람이 평소에 꼭 지켜야 할 생활 태도가 따로 있는 것
은 아니지만, 적어도 도덕·윤리적으로 문제가 될 만한 행동은 하지
않도록 노력할 필요가 있습니다. 예를 들어, 의도적으로 누군가에게
해를 입히는 행동을 한다거나, 거짓말이나 욕을 한다거나 하는 등의
행동을 하게 되면, 대부분의 사람은 자신의 잘못된 행동에 대한 후회
나 잡념 등으로 마음이 혼란스러워집니다. 이 혼란이 명상을 방해할
수 있습니다.

　　불교에서 계戒·정定·혜慧의 삼학三學을 강조하는 것은 바로
이러한 이유입니다. 계戒란 몸과 마음을 통제하여 가지런히 하는 것
으로, 올바른 행동을 반복함으로써 몸과 마음에 좋은 습관을 붙이는
것을 말합니다. 몸과 마음이 건강해졌을 때, 비로소 정定이라는 마음

의 평온과 집중 상태가 가능해진다고 봅니다. 그리고 이 정定을 통해 진리를 통찰하는 지혜慧를 얻게 되는 것이지요. 몸으로 나쁜 행위를 하고 마음으로 나쁜 생각을 하면서 명상을 통해 평온을 얻겠다고 하는 것은 어불성설입니다.

또한 명상을 한다고 하면서, 유별나게 생활방식을 바꾼다거나 식생활을 급작스럽게 바꾸는 것도 바람직하지 않습니다. 도덕·윤리적으로 문제가 되지 않는다면 굳이 바꿀 필요가 없습니다. 만약 바꾸고 싶다면 자신이 감내할 수 있는 범위 내에서 적절하게 조절해 나가는 것이 좋습니다. 그리고 대부분의 사람은 명상 자체를 목적으로 하기 보다는 평소 바쁜 일상 속에서 방치해 두었던 심신을 명상을 통해 보듬으며 좋은 방향으로 개선해 가고자 명상을 할 것입니다. 그렇다면, 명상하는 사람은 평상시의 행동에도 신경을 써야 합니다. 이것은 결코 유별나게 행동하라는 의미는 아닙니다. 자신의 마음을 어지럽힐 요소를 미연에 방지하는 차원에서 평상시에 바른 생각이나 행동을 할 필요가 있다는 것을 강조한 것입니다.

MEDITATION

100
QUESTIONS
&ANSWERS

PART 02

명상의 종류와 방법

여러분이 알고 있는 명상은 무엇인가요? 또 알고 싶은 명상법은 무엇인가요? 어떤 명상이 있는지 몰라 무엇을 해야 할지 모르겠나요? 2장에서는 여러분들이 궁금해 하는 거의 모든 종류의 명상법에 대한 소개를 합니다. 알고 가면, 생각보다 쉽게 목적지에 도착할 수 있습니다. 그 목적지에 도달하는 다양한 방법을 여러분께 소개합니다.

021 정적 명상이 무엇인가요?

명상을 정적 명상, 동적 명상으로 구분하는 것을 보았는데 정적 명상
이 뭐예요? 명상을 굳이 이렇게 구분할 필요가 있나요? 명상은 다 정
적인 거라고 생각해왔는데 따로 구분하는 것을 보니 좀 낯설게 느껴
지네요.

어떤 사람이 질문합니다. "어디 사세요?", "한국에 살아요." 어떻습니
까? 너무 막연한 대답일 것입니다. 이때 "예, 필동 한옥마을 근처에
살고 있습니다."라고 답하는 것이 가장 바람직할 것입니다. 한마디로
상대방의 궁금증을 해결해 주기 때문입니다. 명상도 마찬가지입니
다. '명상을 한다'라는 단적인 표현이 틀린 것은 아니지만, 구분해서
말하는 것이 더 이해하기에 좋습니다. "저는 위빠사나 명상을 합니
다." 혹은 "간화선을 합니다."와 같이. 이렇게 말할 때 이들을 중간에
서 묶어주는 범주가 바로 정적 명상과 동적 명상이란 표현입니다. 즉
명상이 가장 큰 범주이고, 이것을 정적 명상과 동적 명상이란 두 가
지 범주로 다시 분류할 수 있고, 이 두 가지를 각각 세분화해서 또 말
할 수 있는 것입니다. 이렇게 이해하면, 내가 지금 하고자 하는 명상

이 어떤 특징을 갖고 있는 것인지 쉽게 이해할 수 있기에, 직접 명상을 할 때에도 도움을 주게 됩니다.

자, 그럼 정적 명상이란 무엇일까요? 이것을 한자로 표현하면 靜的 瞑想이라고 합니다. 말 그대로 움직임을 최소화한, 나아가 움직임이 거의 없는 명상법이란 의미입니다. 이중에서도 특히 앉아서 하는 명상을 '정좌명상正坐瞑想'이라고 합니다. 명상의 기본은 좌법坐法에 있습니다. 앉는 것을 말합니다. 일정한 형식의 좌법을 통해 우리는 보다 쉽게 명상이 목표로 하는 바에 접근할 수가 있게 됩니다. 고정된 자세를 잡아 몸의 움직임을 최소화한 상태에서 자신을 대상으로 하든, 어떤 문제를 대상으로 하든 대상에 집중하는 것을 정적 명상이라고 할 수 있습니다.

정적 명상의 종류는 매우 다양합니다. 우리가 흔히 알고 있는 명상은 대부분 정적 명상입니다. 본래 불교에서는 '행주좌와어묵동정行住坐臥語默動靜'이 모두 수행 아님이 없다고 말합니다. 걷고, 서고, 앉고, 눕고, 말하고, 침묵하고, 움직이고, 고요히 있는 것, 즉 우리의 일상의 다양한 요소가 모두 수행이라고 볼 수 있겠습니다. 이 가운데 좌법을 기본으로 하는 사마타, 위빠사나, 간화선과 같은 명상법이 정적 명상에 해당합니다. 불교에서 부처님의 모습을 이미지화하는 관상법 역시 정적 명상이고, 가만히 앉아 염불을 하거나 만트라를 되뇌는 행위 역시 정적 명상으로 분류할 수 있습니다.

반면에 어떤 동작을 취하는 것을 동적 명상이라고 합니다. 절을 하거나, 탑을 돌거나, 태극권과 같은 기공체조를 하면서 명상을 접목시킨 것, 요가를 하면서 몸의 느낌이나 변화에 주의를 기울이는 참조 '간화선'은 25번, '동적 명상'은 31번, '걷기명상'은 35번, '위빠사나'는 37번의 답변을 참조하시면 도움이 됩니다.

것 등이 모두 동적 명상의 범주에 들어갑니다. 전통적으로 동적 명상으로 알려진 것으로는 '행선行禪' 혹은 '경행經行'이라고도 부르는 걷기명상이 있습니다. 좌선을 하다가 일어서서 일정한 범위의 공간을 천천히 걷는 것을 말합니다. 그래서 정적 명상, 동적 명상을 구분하는 것이 오늘날 새롭게 등장한 것은 아닙니다. 전통적으로 명상의 특징을 통해 구분지어 왔던 것입니다.

호흡명상이란 말을 들어 보았는데 호흡자체가 명상이란 말인지, 아니면 호흡을 통해 어떤 명상의 상태로 나아간다는 것인지 궁금합니다. 구체적으로 어떻게 하면 되는 건지도 알고 싶고요.

호흡명상을 불교에서는 아나빠나사띠 바와나ānāpānāsati bhāvanā라고 합니다. 풀이하자면, '호흡을 주시하는 명상'이라고 할 수 있습니다. 따라서 호흡 자체를 명상의 대상으로 하는 것입니다. 명상의 여러 방법 가운데 가장 쉬우면서, 탁월한 효과를 볼 수 있는 방법입니다. 가장 쉬운 이유는 숨 쉬는 데 있어서는 누구나 달인이기 때문입니다. 문제는 태어나면서부터 죽을 때 까지 숨을 쉬지만, 호흡에 대해 굉장히 무관심하다는 데 있습니다.

　　호흡명상이란 바로 무관심하게 지나쳤던 자신의 호흡에 관심을 갖는 것입니다. 내 호흡이 짧은지, 긴지, 거친지, 헐떡이는지 등……. 그러면 이전에는 몰랐던 자신의 호흡 패턴과 리듬을 알게 됩니다. 이는 아마도 새로운 경험일 겁니다. '아~ 내가 이렇게 호흡하는

구나!'라고 아는 것은 생각보다 재미난 체험일 수 있습니다.

호흡에 대해 관심을 갖게 되면, 자신을 보다 깊게 이해하는 하나의 방법을 손에 쥐게 됩니다. 장담컨대 여러분은 아마도 그 누구보다도 자신에 대해서 모를 것입니다. 어떻습니까? 자신이 누구인지 궁금하지 않으십니까? 그럼, 지금부터 호흡에 관심을 기울여보길 권합니다. 호흡명상은 다음의 순서로 진행하면 좋습니다.

① 신체의 긴장을 풀고, 자세를 바로 하여 앉기.
② 호기심을 갖고 자신의 호흡을 그저 알아차리기.
③ 호흡에 번호를 붙여 헤아리기.
④ 들숨과 날숨 때 느껴지는 감각에 관심 갖기.

처음엔 ①번과 ②번에 시간을 투자하십시오. 먼저 어깨와 가슴 부위와 허리에서 느껴지는 긴장상태를 잘 파악하고, 의식적으로 힘을 빼려는 노력이 필요합니다. 관심을 갖는 만큼 긴장된 부위가 이완된다는 점을 명심하십시오. 그리고 방석을 엉덩이 부위에 걸치도록 하고, 한쪽 다리를 다른 쪽 다리 위에 얹어 놓고 앉는 반가부좌나 두 발을 모두 내려놓고 앉는 평좌를 한 다음, 허리를 자연스럽게 세웁니다. 이때 허리에 너무 힘을 주어 요추부위가 꺾이지 않도록 주의하십시오. 몸이 편안해지면, 이제 어떤 의도도 개입시키지 말고 호흡을 바라봅니다. 이 때 너무 긴장하거나 애쓰게 되면 호흡이 부자연스러워지게 되고, 멍하게 바라보면 금방 딴 생각을 하거나 졸게 됩니다. 우리가 금방 터질 것 같은 풍선을 쥘 때, 너무 힘을 주면 터지고 너무 힘을 빼면 놓치게 되는 것과 같습니다. 그 적당한 긴장감을 찾는 것이 관건입니다. 그러면 호흡의 리듬을 깨뜨리지 않고, 딴 생각이나 졸음에 빠지지 않으면서 호흡을 주시하여 알아차릴 수 있게 됩니다. 우선 이것이 익숙해지도록 훈련을 반복합니다.

그리고 난 뒤, ③번과 ④번을 해보고 자신에게 맞는 것을 선택하십시오. ③번을 수식관數息觀이라고 하는데, 들숨과 날숨을 하나에서 열까지 사이에서 적절한 숫자를 정해 헤아립니다. 그리고 호흡을 주시하는 것과 숫자를 세는 작업을 반복하는 것입니다. ④번은 인중부위 혹은 배의 감각을 주시하여 호흡과 함께 현재하는 느낌을 세밀하게 느껴보려고 하는 것을 말합니다. 호흡명상을 위해서는 눈을 감아도 좋고 떠도 좋습니다. 여러분이 결정하시면 됩니다. 하루 15분씩 일주일 정도만 꾸준히 해보면, 호흡명상이 갖는 장점을 스스로 체험해 볼 수 있습니다.

참조 호흡명상과 관련하여 28번, 79번, 84번, 86번의 답변을 참조하시면 도움이 됩니다.

023 이완명상은 무엇인가요?

요즘은 스트레스나 과도한 긴장상태에서 벗어나기 위해 명상을 하는
경우도 많은 것 같아요. 이럴 때 '이완명상'이라는 걸 하면 좋다고 들
었는데, 본래 명상 중에 이완명상이라는 게 있는 건가요? 어떻게 하
는 명상인지 알고 싶습니다.

앞에서도 언급되었지만, 명상이란 본래 어떤 목적을 갖고 정신을 계
발하기 위한 방법을 말하는 것입니다. 그런데 그 목적이라고 하는 것
이 깊은 삼매三昧의 체험이나 정신의 각성 혹은 왜곡된 관점을 바로
잡는 것 등 다양하다고 할 수 있습니다. 그 중에 이완이라는 것도 하
나의 목적이 될 수 있습니다.

　　　실제 경험해 보면, 몸이 경직된 상태에서 명상을 하는 것은
어렵습니다. 경직 혹은 긴장은 신체적, 정신적 양면에서 일어나는 것
인데, 이것을 이완한다는 것이 명상의 필수적 단계라고 할 수 있습니
다. 따라서 이완명상은 예비명상의 성격이 짙다고 할 수 있습니다. 이
완은 말 그대로 몸과 마음을 편안히 하는 것입니다. 명상은 단지 몸과
마음을 편안히 하는 것을 목적으로 하지는 않습니다. 불교식으로 표

현하면 무상無常·고苦·무아無我를 통찰하여 지혜를 계발하거나 집중
명상사마타명상을 통해 마음이 고도로 고양된 상태를 거쳐 지혜를 계
발하는 것을 목적으로 합니다. 즉 불교명상은 지혜를 계발하는 것이
목적인 것입니다.

　　그런데 여기서 말하는 이완명상은 그 목적이 다릅니다. 심
리적, 신체적 긴장상태를 해소하여 육체적·심리적으로 편안한 상태
를 만드는 것이 목적인 것입니다. 의학적으로 말하자면 교감신경과
부교감신경이 균형을 잡도록 하거나, 부교감신경이 우위를 점하게
함으로써 심장박동을 안정시키고, 혈압을 낮추어주어 몸과 마음이
편안한 상태를 회복하게 하는 것입니다.

　　이러한 이완명상은 일반적으로 널리 알려져 있는데, 크게

사마타(samatha)명상 대
상에 대한 집중을 특징으로
하며 집중명상이라고도 한
다.

나누면 4가지로 구분할 수 있습니다. 하나는 동북아시아 전통에서 발전시킨 도인술導引術인데 가장 대표적으로 중국의 화타華佗, ?-208가 만들었다고 전해지는 고식화타오금희古式華佗五禽戲가 있습니다. 둘째는 인도에서 발전시킨 요가Yoga인데 그 중에서도 아사나asana, 즉 체위를 중심으로 구성된 하타요가Hatha-yoga를 들 수 있습니다. 셋째는 독일의 정신과 의사인 요하네스 슐츠Johannes Heinrich Schultz, 1884-1970 박사가 1926년에 'autogenic organ exercises'라는 이름으로 세상에 공표한 아우토겐이 있는데, 병원에서 환자들을 대상으로 많이 사용되고 있는 대중적 요법입니다. 넷째는 미국의 내과의사인 에드문트 제이콥슨Edmund Jacobson, 1888-1983이 개발하여 1929년에 발표한 점진적 이완요법Progressive Relaxation입니다. 이를 달리 근이완요법이라고도 합니다. 그 외에도 이완과 관련된 다양한 기법이 있는데, 우리가 가장 쉽게 하는 심호흡도 일종의 이완요법입니다.

이러한 이완요법이 명상과 함께 발달하기 위해서는 자기자각과 탈동일시脫同一視라고 하는 요소를 강화시켜야 합니다. 명상은 멍한 상태가 아니라 분명하게 깨어 있는 상태로서, 분노, 우울, 스트레스 등의 부정적인 정서반응에 대해서 분명하게 자각하고, 이것을 관찰할 수 있는 힘을 키우는 것입니다. 여기서 관찰이 바로 탈동일시입니다. 그래서 신체를 천천히 반복적으로 구부리고 펴는 동작명상이나 심호흡을 하거나 호흡을 헤아리는 호흡명상 등의 방식은 몸의 긴장을 풀어주고 마음을 이완시키는 작용이 있는데, 이때 자기의 몸과 마음의 상태에 대해 분명히 관찰하고 알아차린다면 훌륭한 이완명상이 될 수 있습니다.

024 자애명상은 무엇인가요?

요즘 자애명상이라는 게 새롭게 주목받고 있다는 이야기를 들은 적
이 있습니다. 자애명상의 특징에는 어떤 것이 있는지, 자애명상은 어
떻게 하면 되는지 등을 알려주시면 좋겠습니다.

자애명상을 요즘 쉬운 표현으로 하면 '사랑명상' 정도가 될 수 있을
것 같습니다. 말하자면 명상을 통해 다른 사람이나 존재들에 대해 사
랑하고 감사하는 품성을 확장시키는 명상이라고 할 수 있겠습니다.

　　　자애명상의 기원은 불교의 사무량심四無量心이라고 하는 명
상에서 찾을 수 있습니다. 사무량심은 자비희사慈悲喜捨의 네 가지 덕
목을 일컫는 말입니다. 자metta, 메따는 자애, 즉 사랑을 말합니다. 어머
니가 자식을 위해 기도하는 그런 심정이라고 할 수 있겠습니다. 비
karuṇā, 까루나는 타인의 아픔에 대해 공감하는 능력을 배양하는 명상법
이고, 희muditā, 무디따는 다른 사람의 기쁨에 같이 기뻐하는 능력을 키
우는 명상법이며, 마지막으로 사upekkhā, 우뻭카는 다른 사람의 평판에
대해서 기뻐하거나 분노하지 않고 평정심을 유지하는 능력을 배양

하는 명상법입니다. 이 가운데 자애명상은 바로 자metta명상을 말합니다. 숫타니파타Suttanipāta라고 하는 불교경전에 자애경metta sutta이란 작은 경전이 수록되어 있습니다. 이 경전에서 전하는 명상의 방법을 간략하게 적으면 다음과 같습니다.

"누구든 다른 사람을 속여서도, 무시해서도 안 됩니다. 분노와 증오의 생각 때문에, 서로 다른 사람의 고통을 바라서는 안 됩니다. 마치 어머니가 목숨으로 자신의 외아들을 지키려고 하듯이, 이와 같이 모든 존재하는 것들에 대해서 한량없는 마음을 닦아야 합니다. 모든 세상에 대해서, 한량없는 자慈의 마음을 닦아야 합니다. 위로, 아래로, 횡으로, 장애없이, 원한없이, 적의 없이, 서있거나, 가고 있거나, 앉은[상태]이거나, 누워 있거나, 그가 잠에서 떠난 상태에 있는잠자지 않는 한, 이 자애의 마음을 일으켜야 합니다."

조금 더 부연하자면, 기원을 담아서 마음속으로 '모든 생명

들이 행복하기를 바랍니다'라는 말을 마치 만트라를 외우듯이, 혹은 경전을 읽듯이 지속적으로 되뇌는 것입니다. 그런데 처음부터 생면 부지의 사람이나 직접 이해관계가 얽혀 부정적인 감정을 갖는 사람을 명상의 대상으로 하면 잘 안됩니다. 그래서 먼저 자기 자신에서 시작할 것을 권유합니다. 그리고 자기 자신에 대한 사랑이 충분해 지면 내가 좋아하고 아끼는 사람을 대상으로 사랑을 보냅니다. 내가 좋아하는 사람에게 사랑을 보내는 것이 잘 진행되고 충분해지면 무관한 사람으로 확장합니다.

구체적인 방법은 먼저 자신이 가장 행복했던 순간을 떠올리고, 그 느낌이 내 안에 충만할 수 있도록 합니다. 이 때 떠올리는 느낌은 강렬하거나 자극적인 것이어서는 안 됩니다. 편안한 행복감을 찾아보고, 그것을 떠올리는 것입니다. 그런 뒤에, 그 충만된 느낌을 현재의 자기 자신에게 적용합니다. 이 때 중요한 것은 자기 자신에 대한 무조건적인 수용입니다. 어떤 판단이나 조건이 없이 그저 내 자신이 행복하기를 기원하고, 그 행복감으로 충만해짐을 충분히 느끼는 것입니다. 이러한 방식으로 부모님, 형제, 친구 등으로 그 대상을 점차 확대해 가는 것입니다.

자애명상을 시작하기에 부적절한 대상도 있습니다. 이러한 대상은 강한 애증을 수반하는 이성이나 죽은 사람, 혹은 분노가 일어나는 대상입니다. 자애명상을 하게 되면 자신을 보다 더 이해하고 수용하게 되며, 나아가 나를 둘러싼 가족이나 친구들을 이해하고 받아들일 수 있는 성품을 계발하는 데 크게 도움이 될 수 있습니다.

참조 자애명상의 대상에 관해서는 75번의 답변을 참조하시면 도움이 됩니다.

025 간화선은 무엇인가요?

간화선을 통해 깨달았다는 말을 많이 들었던 같아요. 그래서인지 간화선은 명상과는 다른 어떤 것이 아닐까 라는 생각을 하게 되는데, 정말 그런가요? 아니면 간화선도 많은 명상 가운데 하나인가요? 간화선의 구체적인 방법에 대해서도 알고 싶네요.

간화선은 매우 다양한 불교 명상법 중 하나입니다. 불교경전인 『대념처경』에서는 21가지 수행법을 언급하고 있고, 남방불교의 교과서라고도 할만한 『청정도론』에서는 40여 가지 수행법을 제시하고 있습니다. 그런데 간화선看話禪은 그 가운데 언급되지 않습니다. 간화선은 중국에 불교가 전래된 뒤, 선禪불교가 발달하는 과정에서 체계화된 방법이기 때문입니다.

중국의 선불교는 보리달마6세기경를 초조初祖로 하여 성립된 불교 종파입니다. 선불교 전통에서는 다양한 수행법이 나오게 되는데, 예를 들면 달마선, 묵조선, 공안선, 간화선 등이 있습니다. 이 가운데 간화선은 공안선과 매우 밀접한 관련을 갖습니다. 간화선은 '화두話頭를 본다'라는 의미인데, 이때 화두란 질문을 말합니다. 이 질문이

나온 배경이 바로 공안公案입니다. 간화선은 공안에서 문제만 뽑아서 수행자가 갖고 있는 일체의 관념을 한꺼번에 깨뜨리는 수행법으로, 송대宋代의 대혜 종고大慧 宗杲, 1089-1163라는 분에 의해 확립된 수행법입니다. 대혜스님은 『서장書狀』이란 책에서 묵조수선默照修禪을 지양하고 간화수선看話修禪을 강력하게 주장하게 됩니다. 말하자면 묵묵히 다만 비추어 본다는 묵조선으로는 깨달음을 얻을 수 없다고 비판한 것입니다.

그래서 간화선은 '깨침'을 강조합니다. 앞서 화두란 문제라고 했는데, 이 문제를 푼다고 해서 깨달음을 얻을 수 있는가 라고 질문하는 경우도 있습니다. 이 문제는 우리들의 일상적인 이해나 이성을 갖고 접근할 수 없는 문제라는 특징을 갖고 있습니다. 예를 들면, '조주무자趙州無字'라는 화두가 있습니다. 이 화두는 어느 날 조주스님에게 한 스님이 '개에게도 불성이 있습니까?'라고 묻자, 조주스님께서 '없다[無]'라고 대답한 것을 화두로 한 것입니다. 이때의 '무無'란 있음의 반대로서의 무도 아니며, 없다고 하는 무도 아니며, 절대의 측면에서의 '무'도 아니라는 것입니다. 그러면 '조주스님의 '무'란 어떤 뜻이냐?'라는 질문이 됩니다. 그래서 우리의 일상적인 사유방식으로는 이 문제의 답을 알지 못한다는 것입니다. 그리고 이성적인 추론으로도 답을 알지 못하는 것입니다. 그래서 이 문제에 답을 하기 위해서는 자신의 모든 생각이 부정되어, 더 이상 어떤 답도 나오지 않는 상황에 직면해야 합니다. 이것을 은산철벽銀山鐵壁이라고 합니다. 이처럼 더 이상 나아가지 못하는 상황에서 스승이 채찍질로 답을 내게끔 제자를 내몰게 되면, 꽉 막힌 곳에서 답이 하나 터져 나오게 되는데, 이 때

강력한 체험이 수반됩니다. 이 체험의 전과 후는 겉으로는 같은 듯 보이지만 사실은 매우 다른 존재로 바뀌게 됩니다. 진정한 지혜를 얻게 되는 것입니다. 그래서 간화선은 깨달음을 추구하는 강력한 수행법이 되는 것입니다.

수행이란 말을 다른 말로 바꾸면 명상이 됩니다. 빠알리어 바와나bhāvāna는 한역으로 수행修行, 수습修習으로 번역되는데, 영어로는 meditation으로 번역됩니다. 그래서 명상으로도 번역이 가능합니다. 명상이란 말이 근대기에 만들어진 번역어이기에 고대 한역에서는 이 말이 쓰이지 않았을 뿐입니다. 그래서 간화선을 많은 명상법 가운데 하나라고 해도 괜찮습니다.

참조 '화두'는 76번의 답변을 참조하시면 도움이 됩니다.

026 만트라 명상은 무엇인가요?

명상법 가운데 '만트라'라는 것이 있다고 들었습니다. 본래 힌두교에서 주로 하던 명상법으로 알고 있는데, 불교 명상법이라는 소리를 들었어요. 본래 어떤 명상법인지, 어떻게 하는 건지 알고 싶습니다.

만트라mantra는 말 자체에 어떤 힘power이 존재한다는 철학적 견해를 바탕으로 합니다. 그래서 중국에서는 이를 진언眞言이라고 번역했습니다. '진실된 말', '참다운 말'이란 의미입니다. 그렇지만 만트라는 의미보다는 그 말 자체를 반복적으로 암송하는 것을 더 중요하게 봅니다. 예를 들어 불교경전 중 하나인 『반야심경般若心經』에 나오는 '아제 아제 바라아제 바라승아제 모지 사바하'라는 것도 일종의 만트라입니다. 그런데 이 말을 굳이 번역하지 않습니다. 『천수경千手經』에도 많은 진언, 만트라가 나오는데 이 말들을 번역하지 않습니다. 이것은 만트라의 의미가 중요한 것이 아니기 때문입니다. 물론 번역하면 어떤 의미인지는 알 수 있습니다.

만트라는 보통 고대 인도어인 산스끄리뜨어로 되어 있고,

이것을 중국에서 그대로 음사한 것입니다. '아제 아제 바라아제'나, '옴 남'과 같은 말은 모두 음사어입니다. 소리를 중국인들이 한어漢語로 옮긴 것을, 우리가 한자 발음대로 다시 옮긴 것이 우리가 알고 있는 만트라입니다.

연원을 거슬러 올라가자면, 만트라는 힌두교의 베다Veda 시대로까지 거슬러 올라갑니다. 인도인들이 갖고 있던 언어에 대한 관념을 엿볼 수 있습니다. 불교는 이러한 언어에 대한 관점을 비교적 일찍부터 받아들인 것으로 보입니다. 오늘날 전해지지는 않아 그 내용을 확인할 수 없지만, 과거 불교종파 중에서는 삼장三藏 : 經·律·論 외에 주장呪藏을 갖고 있던 부파도 존재했다고 합니다.

이러한 만트라 명상은 소리에 집중하는 것이기에, 단어나 어구를 마음속으로 혹은 크게 소리 내어 가능한 한 오랜 시간 반복하는 것이 필요합니다. 소리를 낼 때에는 자신이 발음하는 소리를 정확하게 들을 수 있도록 주의를 기울이는 것이 중요합니다.

방법을 소개하면, 눈은 감아도 되고 떠도 됩니다. 자세는 앉거나 서거나 상관없습니다. 자신의 감정이나 생각이 아닌 소리에 집중하면서 진행하면 됩니다. 핵심은 자신의 감정으로부터 분리되어, 소리에 집중하는 것입니다. 그렇기에 발음은 가능한 정확하게 할 필요가 있습니다.

만트라는 힌두교 전통에서 발달했지만 불교를 포함한 다양한 종교전통에서도 사용된 기법이기도 합니다. 일반적으로 잘 알려진 요가 만트라로는 '옴'이 있습니다. 다른 만트라와 마찬가지로 옴에는 어떤 뜻이 없지만 말 자체에 고유한 신성함과 치료의 기능이 담겨 있는 소리라고 간주됩니다. 어떤 소리나 음절이든 상관이 없는데, 쉽게 발음할 수 있고 길지 않은 것이 좋습니다. 만트라 명상을 반복적으로 5분 이상 매일 하게 되면, 만트라의 의미를 스스로 체험할 수 있을 것입니다.

참조 '만트라'는 77번의 답변을 참조하시면 도움이 됩니다.

027 명상에 좋은 자세가
따로 있나요?

명상을 잘 하는 데 필요한 좋은 자세가 따로 있는지, 반드시 앉아서
만 명상해야 하는지 궁금합니다. 누워서 하거나 가만히 서서 하는 명
상도 있다고 들은 것 같아서요.

명상을 할 때는 바른 자세가 필요합니다. 흔히 몸과 마음이 하나이냐
둘이냐는 문제가 있는데, 정확히 말하자면 몸과 마음은 각각 독립적
으로 존재하는 것이 아닙니다. 몸의 자세는 마음에 영향을 미치고, 마
음의 씀씀이는 몸에 영향을 미칩니다. 그렇기에 꾸부정하거나 불편
한 자세를 취하게 되면 마음 역시 편안하지 않고, 분노에 차있거나 혼
란스러운 상태에서는 호흡이 안정되지 못하고, 심장이나 근육에 무
리가 가게 되는 겁니다. 이런 관점에서 명상을 할 때 자세는 매우 중
요하다고 할 수 있습니다.

　　하지만 명상에 좋은 자세가 따로 있는 것은 아닙니다. 다시
말해 정해진 규격과 같은 것은 없습니다. 그럼에도 굳이 말하자면 명
상에 좋은 자세는 경직되지 않아야 하고, 몸의 자세가 편향되지 않아

야 합니다. 즉 앞으로 굽은 자세거나 허리에 힘을 주어 꼿꼿하게 있는 것은 좋지 않습니다. 허리에 무리하게 힘을 주게 되면, 오래 있을 수 없고 열이 머리로 올라가기 쉽습니다. 좌우가 비틀어지는 자세 역시 좋지 않습니다. 자세에서 무엇보다 중요한 것은 균형 잡힌 편안함입니다. 서서 하든 앉아서 하든 편안한 자세를 취하면서 동시에, 몸이 바르게 될 수 있도록 하면 됩니다. 몸의 자세가 바르면서 편안한 것이 핵심입니다. 몸의 자세가 편중되지 않고 바르면, 명상이 잘 안될 수 없습니다. 명상이 잘 안 되는 이유는 여러 가지가 있을 수 있지만, 그 중에 가장 직접적인 것은 몸이 굳어 있거나, 편중되어 있을 때입니다. 자세를 편안하고 바르게 하면, 호흡은 신경을 쓰지 않아도 저절로 고요해집니다.

앞서 여러 명상법에서 설명한 바와 같이 명상은 반드시 바닥에 앉아서만 하는 것은 아닙니다. 때로는 의자에 앉아서도, 걸으면서도 할 수 있습니다. 의자에 앉을 때는 가능한 한 등받이에 등을 기대지 않는 것이 좋고, 다리는 가지런히 모으고 발바닥이 바닥에 닿는 것이 좋습니다. 발바닥이 바닥에 닿지 않거나 하면 바닥에 방석이나 기타 다른 것을 놓아 다리가 안정적으로 바닥에 닿게 하면 됩니다.

걸을 때는 평소에 걷는 것보다 조금 천천히 걸어도 좋습니다. 처음부터 너무 천천히 걷기보다는 일상처럼 걷다가 조금씩 속도를 늦춰봅니다. 시선은 2~3미터 정도 전방을 향하면서 머리는 숙이지도 뒤로 젖히지도 않고 바르게 하여 걸으면 됩니다.

명상은 누워서도 할 수 있습니다. 누워서 할 때는 편안하게 누운 상태로 호흡이나 몸의 느낌에 마음을 둡니다. 피곤하거나 졸릴 때도 누워서 하는 명상은 가능합니다. 이 경우 마음의 힘을 기르기보다는 편안하게 휴식을 취한다는 생각으로 진행하다 잠이 드는 것입니다.

명상을 하는 자세는 다양하지만, 가장 기본은 앉아서 하는 것입니다. 앉아서 하는 것이 익숙해지면, 의자에 앉거나 걷거나, 누워서 할 때에도 크게 무리가 없으므로 자주 앉는 습관을 바르게 들이는 것이 무엇보다 중요합니다.

028 명상할 때 호흡은 어떻게 해야 하나요?

복식호흡이 중요하다는 말을 들었어요. 명상할 때 반드시 복식호흡을 해야 하는 건가요? 복식호흡은 어떻게 하고, 어디서 배울 수 있는지도 궁금하네요.

명상은 일반적으로 집중과 관찰로 구분할 수 있는데, 호흡은 이 두 가지에 모두 적용해 볼 수 있습니다. 그리고 호흡은 따로 어떤 장치를 필요로 하지 않기에, 언제 어디서든 명상의 대상으로 삼을 수 있는 장점이 있습니다.

명상을 한다고 해서 호흡을 인위적으로 길게 혹은 강하게 할 필요는 없습니다. 물론 풀무호흡과 같이 특별한 호흡법이 있지만 이는 어디까지나 일상적인 호흡이 아닌, 어떤 목적을 갖고 하는 호흡이기에, 이럴 때는 전문가에게 충분히 지도를 받고 하는 것이 좋습니다.

일반적인 명상을 할 때는 호흡을 의도적으로 조절하는 데 신경을 쓰지 않는 것이 좋습니다. 불교경전인 『대념처경』이나 『입출

대념처경(大念處經) 불교경전의 하나로 몸, 느낌, 마음 등에 대한 마음챙김(sati) 방법이 소개된 경전이다.

89

입출식념경(入出息念經)
불교경전의 하나로 호흡에
대한 마음챙김(sati) 방법
이 소개되고 있다.

식념경』과 같은 경전에서는 호흡을 16단계로 구분하는데, 이 때 중요한 것은 호흡이 길면 길다고 알고, 짧으면 짧다고 아는 것입니다. 거칠면 거칠다고 알고, 고요하면 고요하다고 아는 것입니다. 그렇기 때문에 명상할 때 호흡을 어떻게 하려고 의도적으로 통제할 필요는 없습니다. 자연스럽게 호흡을 하되, 자기 자신의 호흡의 리듬을 찾는 것이 중요합니다. 나에게 가장 편안하고 자연스러운 호흡리듬은 어떠한지를 찾는 것입니다. 이러한 호흡리듬을 찾는 방법은 호흡을 일부러 통제하거나 조절하려고 하지 않고 바른 자세로 호흡이 이루어지는 것을 그냥 허용하는 것입니다.

그렇게 하다 보면, 어느 순간 자신에게 가장 편안하고 자연스러운 호흡을 찾을 수 있게 됩니다. 따라서 호흡을 억지로 하거나 의도를 갖고 하려는 마음을 내려놓는 것이 중요합니다. 복식호흡은 복근을 이용해 횡격막을 움직여 호흡하는 방법으로, 복식호흡을 무리하게 하다 보면, 흔히 말하는 상기上氣증상이 일어나게 됩니다. 즉, 명상을 한다고 했는데 오히려 머리가 아프거나, 열이 오르는 경우가 발생합니다. 이럴 때는 잠시 명상을 중단하고 편안하게 걸으면서 머리를 식혀주는 것이 좋습니다.

우리가 주의해야 할 것은 복식호흡 자체가 명상은 아니라는 것입니다. 그런데 흔히 복식호흡을 명상으로 생각하는 경우가 많습니다. 이는 복식호흡에 대한 잘못된 이해에 기반한 것이라고 할 수 있습니다.

흔히 단전에 기氣를 모은다는 말을 하는데, 불교 명상에서는 단전에 기를 모은다는 개념도 없고, 그것을 목적으로 하지도 않습니다. 단전에 기를 모은다는 것을 내단內丹수련이라고도 하는데, 이는 신체의 어떤 기능적인 측면을 강화시키기 위한 특정 전통의 기법입니다.

명상할 때 복식호흡을 무리하게 시도하는 것은 그다지 권장하지 않습니다. 복식호흡은 몸의 긴장이 이완되고, 호흡에 의도가 개입되지 않을 때 자연스럽게 이루어질 수 있습니다. 따라서 몸에 힘을 빼고, 잘 하려는 의도를 갖지 않는 것이 중요합니다.

부연하면 호흡이 불편하거나 의도가 개입되면 명상에 오히려 방해가 될 수 있으므로 명상할 때, 호흡은 자연스럽고 편안하게 이루어지도록 그냥 두고 다만 관찰만 하면 됩니다.

·
참조
명상과 호흡의 관계에 관해서는 79번, 84번, 86번의 답변을 참조하시면 도움이 됩니다.

029 명상할 때
눈 감고 해야 되나요?

아니면 뜨고 해야 되나요? 어떤 사람은 감아야 한다고 하고, 또 어떤 사람은 떠야 한다고 하는데, 헷갈립니다. 그리고 이게 그렇게 중요한 의미를 갖는 것인지도 의문입니다.

명상 방법에 따라 눈을 감기도 하고 뜨기도 합니다. 흔히 위빠사나 명상을 할 때는 눈을 감으라고 하고, 간화선을 할 때는 눈을 뜨라고 합니다. 따라서 어떤 명상을 하는지에 따라 눈을 감기도 하고 뜨기도 한다고 말할 수 있습니다.

눈을 감거나 뜨는 것에 따라 장단점이 있습니다. 우선 눈을 감으면 외부 대상에 마음을 빼앗기지 않는 장점이 있고, 집중을 유지하는 데 수월하기도 합니다. 하지만 자칫 졸음이나 멍함에 빠지기 쉽습니다. 이러한 상태에 빠지는 것을 옛 선사禪師들은 '귀신굴에 빠진다'고 표현하기도 합니다. 반대로 눈을 뜨면 외부 대상이 쉽게 포착되어 산만해지기 쉽습니다. 하지만 분명히 깨어있는 마음으로 대상을 바라봄으로써 졸음이나 멍함에 빠지지 않는 장점이 있습니다.

눈을 뜰 때는 1~2미터 전방에 시선을 툭 던져놓는다는 느낌으로 하면 됩니다. 그저 던져 놓는 것이지, 시선이 머무는 곳에 있는 어떤 것을 응시하는 것이 아닙니다. 시선이 머무는 곳을 명상의 대상으로 삼는 것이 아니기 때문입니다. 물론 사마타와 같이 집중을 기르는 명상법에서는 대상의 색깔kasiṇa에 집중하기도 합니다. 하지만 간화선 전통에서는 눈에 보이는 것을 명상의 대상으로 하는 것이 아니라 화두에 집중하는 것이기 때문에 눈을 뜨고 한다 하더라도 시선이 머무는 대상이 명상의 대상이 되지는 않습니다.

이와 같이 이해하면 눈을 감든, 뜨든 상관이 없다고 할 수 있습니다. 하지만 명상의 전통에 따라 다르니 본인이 하는 명상법이 무엇인지를 먼저 파악하고 그에 따라 감거나 뜨면서 명상을 하면 좋습니다. 이러한 이유로 명상의 이론적 측면에 대한 이해가 기본적으로 요구되는 것입니다. 언제 눈을 감고 떠야 하는지는 명상을 하는 사람이 멋대로 정하는 것이 아니라, 명상법에 따라 전통적으로 달리 제시됩니다.

그런데 어떤 사람은 눈만 감으면 졸음이 쏟아지는 경우가 있을 수 있습니다. 그럴 때는 눈을 뜨고 하는 것이 좋습니다. 눈을 뜨고 대상에 집중하는 힘을 기른 뒤에 눈을 감고 느낌이나 호흡에 집중하는 명상을 하는 것이 좋겠습니다. 말하자면 눈을 감고 졸음과 씨름하는 것은 명상을 하는 것이 아닙니다. 반면에 눈을 뜨고 하면 자꾸 주변이 신경 쓰이고, 두리번거리게 되고, 남의 시선이 의식되는 경우가 있는데 그럴 때는 눈을 감고 명상을 하는 편이 좋습니다. 그리고 다음에 명상할 때는 주변이 정리정돈 되고, 사람이 없는 곳에서 명

대상의 색깔(kasiṇa) '일체의', '모든'이라는 의미를 갖는 형용사인데, 명사로는 '명상의 대상'이란 의미를 갖는다. 보통 10가지 까시나가 경전에서 소개된다. 땅, 물, 불, 바람, 파란색, 노란색, 빨간색, 하얀색, 공간, 그리고 의식이다.

상에 대한 습관을 들이게 되면 많은 사람들과 함께 눈을 뜨고 명상을 하더라도 주변을 의식하지 않게 될 것입니다.

일단 명상이 어느 정도 익숙해지게 되면, 눈을 감고 뜨는 것에 대한 차이를 몸으로 경험하여 알게 됩니다. 그러니 명상을 할 때, 내가 지금 어떤 명상을 하고 있는지에 대해 명확히 아는 것이 중요하고, 그 뒤에는 자주 명상을 하면서 습관을 들이는 것이 좋습니다.

참조 '위빠사나'는 37번, '간화선'은 25번의 답변을 참조하시면 도움이 됩니다.

030 명상하기 좋은 장소가 따로 있나요?

인터넷 포털 사이트에서 명상에 관한 이미지를 찾아보면 대부분 숲 속이나 강가, 바닷가 같은 데 앉아서 명상하는 장면이던데, 명상은 꼭 그런 장소에서 해야 되나요?

'명상'이라고 하면 흔히 떠올리는 이미지가 있습니다. 그것은 바로 고요한 산사山寺라든가 자연으로 둘러싸인 곳입니다. 이런 생각을 갖고 있다 보니, 명상은 아무나 할 수 없는 것이라고 여기게 됩니다. 지금 내가 살고 있는 곳을 떠나야 명상이 가능해지기 때문입니다. 하지만 나의 생업이 이루어지는 지금의 현장을 떠난다는 것은 결코 쉬운일이 아닙니다. 시간을 따로 내야하고, 경제적인 부담도 생기게 되고, 사회적 관계에서의 문제도 작지만 생길 수 있게 됩니다. 이러한 문제들이 해결되지 못하면 '나는 명상을 하지 못해'라고 생각하게 되고, 결국 '명상은 내가 할 수 없는 것이야'라고 스스로 결정짓게 되는 것입니다.

　　그런데 명상은 특별한 장소가 따로 필요한 것은 아닙니다.

굳이 말하자면 조금 덜 번잡스럽고, 덜 소란하면 좋을 것입니다. 그런 장소를 찾자면 '내 방'에서 하면 됩니다. 멀리 갈 필요가 없이 가까운 동네에 있는 사찰에 가서 해도 됩니다. 산책하는 산책로에서 해도 됩니다. 공원의 벤치에 앉아서 해도 됩니다. 즉 내가 위치한 모든 곳이 명상을 할 수 있는 훌륭한 장소가 될 수 있다는 것입니다.

하지만 여기에는 한 가지 조건이 필요합니다. 그것은 명상의 기본적 기법skill을 익혀야 한다는 것입니다. 명상을 어떻게 해야 할지를 전혀 모른다면 아무리 깊은 산속에 있다고 해도 명상은 불가능할 것입니다.

명상을 일상 삶 속에서도 하고 싶다면, 처음 몇 번은 시간을 투자해서 명상의 기법을 익힐 필요가 있습니다. 기본 기법을 정확하게 이해하고, 방법을 숙지했다면 그 다음에는 시간과 장소에 구애받지 않아도 됩니다.

산사라든가 숲 속이 아니면 명상이 안 된다고 생각하는 것은 '선입견'이고, '자기 고집'에 불과한 것입니다. 이 말은 달리 표현하면 '명상하기 싫다'라는 것에 다름 아닌 핑계일 수도 있습니다. 명상을 할 최적의 장소는 '명상을 하고자 하는 마음'을 내는 바로 그 순간의 그 장소입니다.

그러니 장소에 구애받지 않고 명상을 삶 속에서 실천하고자 하는 의지를 내려고 노력하는 것이 가장 중요한 요소라고 하겠습니다.

031 동적 명상이란 무엇인가요?

동적 명상은 뭐고, 어떠한 것들이 있는지요? 그리고 각기 다른 동적 명상이 갖는 공통점이나 정적 명상과의 차이점 등에는 무엇이 있는지 알고 싶네요.

동적 명상은 말 그대로 움직이면서 하는 명상이란 의미입니다. 명상이란 '고요히 몸과 마음을 안정시키고 어떤 대상에 집중하는 것'이라고 단순하게 정의내릴 수 있을 것입니다. 그리고 동적이란 '움직임' 혹은 '움직임을 갖는' 이란 의미가 됩니다. 이렇게 보면, 이 두 단어가 서로 모순되는 것처럼 보입니다. 고요함과 움직임은 일반적으로 반대말처럼 생각하지 않나요? 그런데 가만히 생각해 보면, 이 두 단어는 반대말이 아닙니다. 고요함의 반대말은 시끄러움이나 산만함이 될 것이고, 움직임의 반대말은 정지나 정지된 상태일 것입니다. 그래서 이 두 단어가 결합되는 것은 이상하게 생각될 필요가 없습니다.

물론, 이런 질문은 가능할 것입니다. '움직이면서 고요해지는 것이 가능한가?' 여기에서 '고요'의 의미를 우리가 어떻게 파악하느냐가 중요합니다. 불교 관점에서 고요란 심리적 고요를 의미합니다. 육체의 움직임이 있느냐 없느냐는 부차적인 문제입니다. 따라서 고요함이란 내적인 욕구와 불만, 분노, 슬픔, 기쁨, 우울, 자기비하, 산란함 등이 사라진 상태 혹은 그러한 심리적 상태가 적어도 나를 압도하지 못하는 상태로 볼 수 있습니다.

이러한 심리 상태를 동작을 통해 수련하고자 하는 일체의 방법을 총괄하는 표현이 바로 동적 명상입니다. 말하자면 신체적 움직임을 하나의 방법으로 삼아 불안정한 마음의 상태를 안정된 상태로 만드는 것입니다.

동적 명상에는 우리에게 익숙한 걷기명상이나 절 명상 등이 있습니다. 그 외에도 요가나 태극권[타이치] 등도 동적 명상으로 볼 수 있습니다. 동적 명상은 그것이 무엇이 되었든, 동작 자체의 차이점은 전연 문제가 되지 않고, 오로지 동작에 의식을 집중하고 나아가 그것을 관찰한다는 점에서 공통점을 갖습니다.

따라서 동적 명상을 할 때에는 동작 자체에 능숙해질 필요가 있습니다. 동작에 숙달되어야지만 동작을 이렇게 해야 하나, 저렇게 해야 하나, 언제 자세를 바꾸어야 하나와 같은 쓸데없는 생각을 하지 않을 수 있기 때문입니다. 그리고 동작 자체가 어설프면 몸이 불안정하기 때문에 동적 명상을 하는 데 장애가 될 수 있습니다. 그렇기 때문에 동작 자체가 익숙해지도록 체계적으로 훈련받을 필요가 있습니다.

걷기명상 같은 경우에도, 바른 걸음걸이란 어떤 상태인지를 스스로 잘 알아야 하고, 그러한 걸음걸이를 충분히 연습해야 합니다.

일상적인 걸음은 개인에 따라 특정 신체적 부위에 무리가 갈 수 있기도 하고, 동적 명상을 하기에는 다소 부적절한 걸음걸이도 있을 것입니다. 그렇기 때문에 우리는 내가 잘 알고 있는 동작이라고 하더라도, 그것에 대한 전문가의 조언을 듣고 동작을 명상의 영역으로 확대해 가야 합니다.

참조 '걷기명상'은 35번, '절 명상'은 32번, '요가'는 33번, '태극권'은 34번의 답변을 참조하시면 도움이 됩니다.

032 절 명상은 무엇인가요?

절을 하면서 하는 명상을 절 명상이라고 하잖아요. 그런데 구체적으로 어떻게 하는 것이 절 명상인지 잘 모르겠습니다. 요즘은 불교가 아닌 곳에서도 절 명상을 하는 것 같아서 정확히 어떤 게 절 명상인지 혼란스럽습니다.

절 명상은 불교의 오체투지五體投地 예법을 명상에 적용한 것입니다. 오체투지란 몸의 다섯 부위, 즉 이마, 두 팔, 두 다리를 바닥에 붙여서 하는 예법이라고 할 수 있습니다. 그런데 한국에서 절하는 방식은 인도나 티벳 등과 비교하면 다소 차이가 있습니다. 한국에서는 쉽게 말하면 큰절 하듯이 하는 것이고, 인도 등지에서 하는 것은 신체를 완전히 뻗어서 바닥에 엎드리는 자세를 취합니다.

요즘 한국사회에서 널리 알려진 절 명상은 큰절 하는 방식과 유사한 방식입니다. 본래 절이란 자신의 마음을 내려놓는 것으로, 불교에서는 수행의 한 방편이자, 상대를 존경하는 표현의 방식입니다. 절의 형식이 갖는 의미는 상대방의 발을 두 손으로 어루만지면서 이마를 발 등에 대는 것을 형상화한 것입니다. 나의 신체 중 가장 높

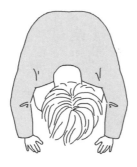

은 곳에 위치한 것이자 중요한 부위인 머리를 상대방의 가장 낮은 곳
에 위치한 발과 같은 위치로 한다는 것을 인도인들은 최상의 예법으
로 간주한 것입니다. 그렇기에 하심下心, 즉 겸손한 마음가짐을 갖게
하는 수행의 한 방편이 됩니다. 절을 할 때는 이러한 의미를 마음속에
잘 새겨두면서 하는 것이 좋습니다.

　　　수행의 한 방편으로 할 때에는 만 배나 백만 배 등의 횟수를
정해놓고 하는 경우가 일반적입니다. 이때는 계율을 잘 지키면서 하
루에 천 배나 삼천 배씩 정해놓고 며칠간 지속하게 됩니다. 절 명상은
자신의 종교와 연결지어 시행할 수도 있습니다.

　　　예를 들어 불자佛子라면 관세음보살이나 석가모니불, 아미
타불과 같이 불·보살님의 명호[이름]를 지속적으로 외는 방식을 취하
는 것입니다. 혹은 백팔참회문에 따라 참회의 방식으로 절을 응용하
기도 합니다. 이와 같은 방식으로 기독교를 비롯한 다른 종교에 접목
하는 것도 얼마든지 가능합니다.

요즘 회자되는 절 명상은 절의 방식을 다소 수정한 것이 알려져 있고, 다른 수련단체에서도 하고 있기도 합니다. 절의 동작이 어찌되었든 절 명상에서 가장 중요한 것은 절이 갖는 의미를 잘 새기고 정확하게 동작을 취하면서, 몸에서 생겨나는 감각의 변화, 몸을 구부리고 펴는 동작을 함으로써 생겨나는 긴장과 이완의 변화, 마음의 변화를 알아차리는 것입니다. 즉 몸의 동작 밖으로 의식이 돌아다니지 않도록 동작에 주의를 기울이는 것이 절 명상의 핵심이라고 할 수 있습니다. 이러한 방식은 종교와 상관없이 할 수 있다는 이점이 있습니다.

절 명상을 할 때 또 하나 유의해야 하는 것은 조급하거나 서둘러서는 안 된다는 것입니다. 올바른 방식으로 천천히 동작 하나 하나에 세심하게 주의를 기울이면서 해야 한다는 점을 명심해야 합니다.

033 요가명상은 무엇인가요?

요가명상이란 말을 들어 본 적 있습니다. 요가는 많이 들어보고 배워
보기도 했는데, 요가 명상은 요가랑 뭐가 다른지 모르겠네요. 요가 동
작을 하면서 명상을 한다는 의미인가요?

Mindfulness 원어는
sati(사띠)이며, 우리말로는
주로 마음챙김이나 알아차
림으로 번역한다. 주시(注
視)라는 뜻을 가지며, 명상
대상을 의도적, 지속적으로
지켜보는 마음의 기능을 말
한다.

요가명상을 영어로는 Mindfulness Yoga Meditation이라고 합니다. 우리
말로는 마음챙김 요가로 번역합니다. 이 용어는 서양에서 먼저 사용
된 것인데, 만성통증이나 스트레스를 해결하는 방법으로 제시된 것
입니다. 말하자면 마음챙김 명상Mindfulness Meditation의 변형이라고 이
해하면 좋을 것 같습니다.

구체적으로 요가명상은 호흡, 이완, 동작 그리고 명상을 포
함하는 체계를 말합니다. 그래서 몸과 마음을 치유하는 요가의 다양
한 도구나 방법들을 이용하게 됩니다. 따라서 요가에서 권장되는 호
흡의 방법과 동작에 대한 이해가 요구됩니다. 그래서 요가 동작에 대
한 바른 이해가 필수적이라고 할 수 있겠습니다.

그런데 일상적으로 하기 어려운 동작이 아닌, 누구나 쉽게

따라할 수 있는 동작들로 구성되어 있다는 특징이 있기에 그리 염려하지 않아도 됩니다. 요가명상은 절 명상과 마찬가지로 몸의 움직임과 감각의 변화에 주목하는 것이 중요합니다. 변화의 양상을 그저 지켜본다는 '마음챙김'의 기법을 그대로 적용한다고 이해하면 좋습니다.

요가명상의 흐름은 먼저 자신의 몸과 친숙해지는 것이 필요합니다. 자신의 몸의 반응에 주의를 기울이고, 몸에 대한 관찰력을 높이며, 최대한 몸에 대해 진지하게 알아차리는 방식으로 합니다. 그 뒤에는 호흡에 집중합니다. 이와 같이 호흡을 따라 움직이고, 자세를 취하고 몸을 움직이는 동작을 통해 통증을 대하는 심리적 자세와 행복을 경험하는 능력이 길러지게 됩니다. 이러한 이유로 일반적인 요가와 구분해서 요가명상이라는 이름을 붙이게 된 것입니다.

요가명상은 자신의 몸에 대한 이해를 높이고, 정서적 패턴을 이해하는 데에도 크게 도움이 되는 방법입니다. 특별한 공간이 필요한 것도 아니어서, 동작과 방법을 익힌 뒤에는 일상생활에서 누구나 쉽게 할 수 있다는 이점도 있습니다.

034 태극권도 명상 방법인가요?

요즘 요가와 더불어 태극권도 인기가 있는 것 같아요. 그런데 태극권으로 명상을 한다는 이야기를 들은 적이 있는데, 태극권은 권술이 아닌가요? 태극권이 어떻게 명상법으로 사용될 수 있는지 궁금합니다.

태극권을 영어권에서는 타이치Tai Chi라고 표기합니다. 그래서 보통 '타이치 프로그램'이란 표현을 많이 사용하곤 합니다. 태극권은 잘 알려져 있듯, 무술의 한 종류입니다. 그런데 단순하게 무술이라고 하기보다는 몸에 대한 깊은 이해와 철학적 기반 아래 태극권을 무술뿐만 아니라 심신치유를 위한 프로그램으로 접근하기 시작한 것입니다. 대표적으로 1997년 호주의 가정의인 폴 램Dr. Paul Lam박사는 동료 의사와 태극권 수련자들과 함께 '관절염을 위한 태극권 프로그램The Tai Chi for Arthritis Program'을 개발하였습니다. 이 프로그램은 많은 나라에 소개되었고, 현재 국내에도 보급되고 있습니다. 특히 미국 관절염협회가 효과성을 인증하여 미국 전역에 보급하고 있기도 합니다.

태극권이 무술보다는 치유프로그램 혹은 심신의 안정과 균

관절염을 위한 태극권 프로그램(the Tai Chi for Arthritis program) 호주 시드니의 가정과 의사인 폴 램(Dr. Paul Lam)이 태극권을 이용해 관절염을 치유하기 위해 개발한 프로그램이다. 줄여서 '관절염 타이치'라고 한다. 호주와 미국의 관절염 재단 및 미국의 질병관리본부(CDC)에서 공식적으로 지원하고 있는 프로그램이다.

형을 찾아주는 프로그램으로 알려진 이유는 동작이 부드럽고 과격하지 않으며, 기동성과 균형감, 신체에 대한 자기 관찰력 등이 탁월하기 때문입니다. 이러한 태극권의 특징에 주목한 서양의 의학자들은 태극권을 심신기법mind-body technique으로 분류하고 개인의 건강과 웰빙을 증진하는 하나의 방법으로 사용하기 시작했습니다.

특히 태극권의 부드러우며 균형감 있는 동작은 명상 수련 방식과 접목되기 쉬우며, 나아가 그 자체로 명상이 될 수 있는 장점이 있습니다. 그래서 태극권을 동작명상으로 분류하기도 합니다. 태극권 자체의 명상적 효과에 대한 논문은 이미 많이 발표되었고, 그 효과성에 대한 연구도 많이 진행되고 있습니다.

일반적으로 명상을 할 때, 예를 들어 호흡을 대상으로 명상을 할 때는 호흡이 들어오고 나가는 것에 주의를 집중할 뿐 호흡을 통제하지 않으며, 느낌을 대상으로 명상을 할 때는 느낌의 강도와 변화와 지점을 관찰할 뿐 느낌에 의도를 개입하지 않는 것이 중요합니다. 그처럼 태극권도 동작을 할 때 동작에 자신의 의도를 개입시키지 않습니다. 다만 동작을 하면서 움직임과 그 변화에 집중하면 됩니다.

이렇게 태극권을 하게 되면 명상을 할 때와 유사한 효과를 보게 되는데, 특히 자기 인지 능력을 개발하는 데 도움을 주는 호흡 패턴을 자연스럽게 익히게 되고, 동작을 하는 동안 공간에서의 위치 감각을 강화시키고, 더불어 현재라는 시점에 아주 민감한 상태로 이끌게 됩니다. 바로 이러한 특징은 마음챙김 명상을 통해 얻게 되는 효과와 유사한 것으로 평가받고 있습니다. 동작을 하면서 그 동작이 이루어지는 공간에 대해 판단하지 않으면서 인지하게 되고, 동작 하나 하나에 주의를 집중하게 되면서 자연스럽게 현재에 집중하게 됩니다.

　　태극권 명상이 갖는 또 하나의 특징은 심신mind-body의 통일성이라는 상태로 이끌고 직관력을 강화시켜, 사람에 대한 이해와 현상에 대한 깊은 이해로 이끈다는 점입니다. 그래서 태극권을 반복적으로 수련하는 것만으로도 자연스럽게 명상의 효과를 보게 됩니다.

035 걷기명상은 무엇인가요?

동적 명상 가운데 걷기 명상이 있잖아요. 걸으면서 명상을 한다는 것 같은데, 일상생활에서도 가능한 것인지, 아니면 어떤 특별한 걷는 방법이 있는 것인지 궁금해요.

동적 명상으로 잘 알려진 걷기명상은 걷는 동안의 동작에 집중하는 것입니다. 즉 자신의 동작에 대해 주의집중을 하는 것입니다. 불교 경전에는 "걸어가면서 '걷고 있다'고 명확하게 알고⋯⋯"라고 기술되어 있습니다. 사실 우리는 누구나 걷기의 달인입니다. 특별히 다리를 다쳤거나 하지 않았다면 말입니다. 그런데 걸음을 걸으면서 자신의 걸음에 신경을 쓰거나 주의를 기울이는 사람은 별로 없습니다. 누군가와 이야기에 열중하거나, 다른 생각에 빠져 있거나, 주변을 두리번거리거나, 음악을 듣거나 하면서 걷지, 자신의 걸음 자체에는 관심을 두지 않습니다.

명상을 한다는 것은 여러 의미가 있지만, 동적 명상의 경우에는 '관찰'의 측면이 특히 강조됩니다. 관찰이란 나의 생각의 틀을 갖고 대상을 바라보는 것이 아닙니다. 어떤 생각이나 선입견을 갖지 않고, 미리 예상하지도 않으면서 대상을 그저 유심히 바라보는 것을 말합니다. 과학자가 현미경으로 대상을 세밀하게 관찰하듯이 말입니다.

그렇기에 걷기명상의 경우도 나의 걸음을 알아차리는 것으로부터 시작하면 좋습니다. 일단 거칠게나마 나의 걸음이 어떤 패턴을 갖고 있는지를 아는 것입니다. 서둘러 걷는지, 지그재그로 걷는지, 질질 끌면서 걷는지 등등. 자신만의 걸음에 어떤 특징이 있는데, 그것을 알아보는 것입니다. 이것을 걷기명상이라고 하지는 않지만, 일단 자신의 걸음에 관심을 기울이고 아는 연습을 하는 것만으로도 충분한 의미가 있다고 하겠습니다. 초보자는 몸의 동작을 알기 위해 슬로비디오처럼 천천히 행동하는 것도 도움이 됩니다. 걷기를 명상에 적용하기 위해서는 걷는 행위 자체에 필요하면서도 충분한 정도의 주의집중이 필요합니다.

걷기명상의 방법은 다음과 같습니다. 그저 일반적인 걸음을

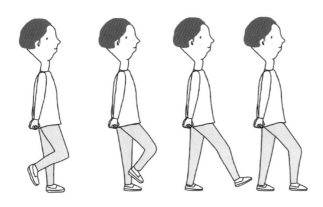

알아차리는 것은 연습이라고 보면 좋습니다. 우선 걷기명상에 들어가기에 앞서 무릎과 발목, 그리고 발가락을 충분히 풀어주는 몸풀기를 해줍니다. 이를 통해 발의 감각이 활성화될 것입니다. 걷기명상은 단순히 걷는 것을 아는 것에 그치는 것이 아니라, 걸으면서 느껴지는 다양한 느낌, 감촉의 변화, 무게이동의 변화 등을 세밀하게 알아차리는 것을 포함합니다. 그렇기에 다리와 발을 충분히 풀어주어 감각에 예민하게 해줄 필요가 있습니다. 가능하면 맨발이 좋지만, 여의치 않으면 양말을 신고 실내에서 하거나, 실외 같은 경우는 바닥이 얇은 운동화를 신고 하는 것이 더 좋습니다.

　　일단 가장 기본 방식은 발을 '들어올림 → 앞으로 내밈 → 내려놓음'을 천천히 반복하면서 무게중심의 이동, 발바닥이 닿는 느낌, 느낌의 변화 등을 세밀하게 알아차리는 방식으로 진행합니다. 집중도가 높아지게 되면 자연스럽게 걸음이 느려지게 되니, 처음부터 천천히 걷기 위해 너무 무리하게 애쓰지 않는 것이 좋습니다.

참조 걷기명상의 자세에 관해서는 78번, 장소에 관해서는 80번, '동적 명상'은 31번의 답변을 참조하시면 도움이 됩니다.

036 스트레칭도
명상 방법인가요?

명상이 관찰의 특징이 있다면, 스트레칭도 명상에 적용할 수 있나요?
운동으로서의 스트레칭과 명상으로서의 스트레칭은 어떻게 다른지
알려주시면 좋겠습니다.

스트레칭이란 특정한 자세를 통해 신체의 근육과 관절을 움직여 긴
장을 완화해 주는 동작을 말합니다. 그래서 운동을 하기 전에는 반드
시 스트레칭을 권장합니다. 이를 통해 부상을 예방할 수 있기 때문입
니다. 따라서 스트레칭은 과격하지 않고 누구나 할 수 있는 동작으로
구성되어 있습니다. 대부분은 경직된 근육과 관절을 늘여주는 동작
이 많습니다. 대표적으로 요가의 아사나 동작을 들 수 있을 것입니다.

그래서 스트레칭 역시 명상에 적용할 수 있습니다. 요가가
되었든, 체조가 되었든 특정 자세에 대해, 동작에 대해 세세하게 그
감각을 알아차리면 됩니다. 몸에서 경험되는 균형감이나 긴장감, 통
증, 시원함, 열감 등에 최대한 집중합니다. 그런데 이 때 중요한 것은
자신의 몸의 한계를 그대로 받아들여 인정하는 것입니다. 말하자면

내가 할 수 없는 동작을 무리하게 하려는 욕심을 부리지 않는 것입니다. 스트레칭을 명상에 적용하기 위해서는 우선 동작을 멋있게 잘하려고 하는 그 '생각'을 하지 않는 것이 중요합니다. 간단한 동작이라도 그 동작을 정확하게 구사하면서 그 느낌에 최대한 집중해야 합니다. 그리고 그 느낌이 어떻게 변화하는지 알아차립니다.

　　만약 어떤 특정한 동작을 취한 채 몇 십초 정도 머문다면 이때 자신의 호흡에 주의를 집중하는 것도 좋습니다. 배나 가슴이 부풀어 올랐다 가라앉는 그 팽창과 수축을 느껴봅니다. 이 때 주의할 점은 무리하게 호흡을 해서는 안 된다는 것입니다. 자연스러운 호흡을 그저 알아차릴 뿐인 것입니다. 무조건 복식호흡을 하려고도 하지 않습니다. 복식호흡이 되면 배의 팽창과 수축을, 흉식호흡을 하고 있으면 가슴의 팽창과 수축을 알아차리면 되는 것입니다. 물론 몸의 감각에 주목해도 됩니다. 가령 앉아서 허리 숙이는 동작을 하고 있을 때면 허리나 다리에서 느껴지는 감각이나 통증을 지속적으로 알아차립니다.

그러면서 느낌의 강도나 변화 양상에도 주의를 기울여 알아차리면 됩니다.

만약 동작이 계속 이루어지면서 변화된다면, 동작을 하면서 느껴지는 몸의 감각에 최대한 집중합니다. 팔의 움직임, 다리의 움직임, 허리의 움직임, 어깨, 가슴, 목 등의 부위에 어떤 자극이 오고, 어떤 느낌이 느껴지는지를 놓치지 않고 느껴 보려는 자세가 필요합니다.

스트레칭을 명상에 적용하려면 가능한 한 동작이 너무 빠르지 않은 동작을 취하되, 무리한 자세를 억지로 하지 않는 것이 좋습니다. 스트레칭 과정에서 내 몸에서 일어나는 동작, 동작으로 인해 발생되는 통증이나 시원함과 같은 감각을 면밀하게 알아차리게 되면, 이 자체가 바로 동적 명상이라고 할 수 있습니다.

037 위빠사나가 뭐예요?

요즘 불교명상방법으로 위빠사나를 얘기하던데 위빠사나는 어느 나라 말이고 무슨 뜻인가요? 이름만 들어서는 어떤 명상법인지 잘 모르겠는데 구체적인 방법도 알고 싶네요.

위빠사나vipassanā는 오늘날 전 세계적으로 가장 많이 알려져 있는 불교수행법 중의 하나입니다. 불교의 발생과 더불어 2500년이라는 역사를 지닌 이름이긴 하지만, 세상에 널리 소개되기까지는 많은 시간이 걸렸습니다. 국내에도 1980년대 후반부터 전해지기 시작하여, 현재에는 크고 작은 수행공간을 통해 참여 인구가 날로 늘어나는 추세입니다. 먼저 위빠사나라는 용어는 인도의 고대어인 빠알리Pāli어입니다. 빠알리어는 부처님 생존 당시에 일반민중이 사용하던 언어, 부처님께서 대중에게 설법하신 언어라고 믿고 있습니다.

'위빠사나'는 한 단어가 아니라 '위vi'와 '빠사나passana'가 결합된 합성어입니다. '나누다', '뛰어나다', '다양하다' 등의 의미를 지닌 접두사 '위vi'와 '본다'라는 의미의 '빠스pas'라는 어근을 가진 명사형 '빠사나'가 결합된 용어로 '나누어 봄', '뛰어난 봄' 등으로 직역할 수 있습니다. 따라서 위빠사나는 '분명히 봄', '꿰뚫어 봄', '뛰어난 봄', '특별한 관찰' 등으로 이해되며 '통찰', '내적 통찰', '직관적 통찰', '관찰' 등으로 해석하고 있습니다. 그래서 중국에서는 '관觀'으로 번역하기도 합니다. 여기서 '본다'는 것은 시각적 현상이 아니라 모르던 것을 '안다'는 의미를 지닙니다. 남방의 불교수행전통에서는 '위'를 '무상無常', '고苦', '무아無我'라는 '삼법인三法印'에 비유합니다. 수행자가 수행을 통하여 예리한 관찰력으로 '무상無常', '고苦', '무아無我'라는 고유의 특성을 꿰뚫어 아는 것이라고 설명합니다. 즉, '변화'와 '변화에 따른 불만족', 그리고 그 안에 '나라고 할 만한 것이 없다'는 사실을 통찰하는 것입니다. 이 과정에서 지혜가 계발되기에 '지혜계발'의 수행이라고 부르기도 합니다.

　　　　좀 더 쉽게 설명하자면 위빠사나는 수행자의 마음이 과거나 미래가 아닌 현재에 머물도록 하여, 현재 이 순간의 현상을 있는 그대로 알 수 있도록 하는 것입니다. 현대에 진행되는 위빠사나 명상은 지금 이 순간 몸에서 나타나는 감각느낌에 마음을 두는 방법, 현재의 마음에 마음을 두어 현재에 머무르는 방법 등 그 방법 역시 다양합니다. 위빠사나의 방법은 여러 가지지만 추구하는 목적은 현재 이 순간에 머무는 것으로 같습니다. 위빠사나 수행을 위해서는 사마타samatha, 止라는 고요함을 키우는 집중수행이 배경을 마련해 줍니다. 그래서 불교에서는 전통적으로 사마타와 위빠사나의 조화로운 수행을 강조해 왔습니다. 지관겸수止觀兼修라고 부르는 경우도 있습니다. 위빠사나를 위해서는 사띠sati, 念와 지혜paññā, 慧가 중요한 역할을 합니다. 사띠는

사띠(sati) 우리말로는 주로 마음챙김으로 번역한다. 주시(注視)라는 뜻을 가지며, 명상 대상을 의도적, 지속적으로 지켜보는 마음의 기능을 말한다.

계戒·정定·혜慧 삼학三學의 정학正學 안에 포함되는 심리적 기능으로, 대상에 마음을 두어 유지하는 집중의 특성을 가지고 있습니다. 수행자의 마음이 방황하지 않고 현재 나타나는 대상을 자세히 살피는 역할을 하는 것입니다. 이렇게 자세히 살피면 그 현상의 특성을 아는 지혜가 생기게 됩니다. 이것을 위빠사나라고 부릅니다.

038 MBSR은 뭐예요?

요즘 MBSR이라는 명상 프로그램이 유명하다고 들었어요. 병원 같은 데서도 MBSR을 하는 곳이 있다고 하더군요. 이 프로그램은 어디서 만든 어떤 프로그램인가요?

MBSR은 Mindfulness Based Stress Reduction의 줄임말입니다. 여기서 mindfulness는 불교 수행 방법 가운데 사띠sati를 영어로 표기한 것으로, 우리말로는 주로 '마음챙김'이라고 합니다. 그래서 '사띠에 근거한 스트레스 감소 프로그램'이라고 이해할 수 있습니다. 명칭에서도 알 수 있듯이, 이 프로그램은 사띠와 스트레스가 핵심 용어입니다. 만병의 근원인 스트레스를 감소시키기 위해 불교의 사띠 명상, 즉 마음챙김 명상을 사용한다는 것입니다.

이 프로그램은 미국의 존 카밧진Jon Kabat-Zinn이라는 박사가 1979년에 개발하여 시작되었습니다. 엄격히 말하자면 명상 프로그램이라기보다는, 명상을 이용한 치유 프로그램입니다. 명상의 목적과 명상을 통한 치유가 추구하는 목적은 엄밀하게 따지면 다릅니다. 명상이 자아와 세계에 대한 통찰을 통해 인식을 전적으로 전환시키는 것을 목적으로 한다면, 치유 프로그램은 어떤 부정적인 심신의 증상을 개선하거나 치유하는 것을 목적으로 합니다. 물론 명상을 통해 부정적인 정서나 습관 등이 개선되거나 그것으로부터 완전한 자유를 얻기도 하기 때문에 치유의 측면에서도 접근할 수 있지만, 그렇다고 이 둘의 목적이 동일하다고는 말하기 어렵습니다.

　　MBSR 프로그램은 치유프로그램 가운데 가장 잘 알려진 프로그램입니다. 이 프로그램은 수련 시에 취해야 할 기본적인 태도로 7가지를 제시합니다.

　　①판단하려고 하지 말라.
　　②인내심을 가져라.
　　③처음 시작할 때의 그 마음을 유지하라.
　　④믿음을 가져라.
　　⑤지나치게 애쓰지 마라.
　　⑥수용하라.
　　⑦내려놓아라.

　　이러한 7가지 기본적인 태도를 중심으로 바디스캔, 정좌正坐명상, 하타요가, 걷기명상, 먹기명상, 호흡명상으로 구성된 프로그램입니다. 여기서 가장 중심이 되는 것은 정좌명상과 호흡명상입니다. 이들 프로그램은 모두 명확하게 '관찰'이라고 하는 특징으로 요약됩니다. '관찰'의 특징은 판단하지 않아야 하며, 의도를 개입시키지 말아야 하고, 있는 그대로를 받아들여야 합니다. '그저 바라볼 뿐'이라는 위빠사나 명상의 대명제가 바로 MBSR프로그램의 핵심이라고 할 수 있습니다.

이 프로그램은 8주 일정으로 진행됩니다. 매주 1회기씩 진행되며, 각 회기는 2시간 30분에서 3시간 정도의 시간이 소요됩니다. 이 프로그램은 공식적으로 스트레스 클리닉 혹은 특정한 공간에서 진행되는데, 중요한 것은 비공식 프로그램으로 각자에게 부과된 과제를 수행하는 것입니다. 다시 말해 공식적으로는 8주 8회기 프로그램이지만, 8주 동안 매일 스스로 프로그램에 적극적으로 참여하는 자세가 필요한 것입니다. 일상에서 할 수 있도록 명상 CD를 제공하고, 그 CD의 안내에 따라 매일 명상을 실천하는 것입니다. 그렇기 때문에 '인내심'이라는 덕목과 '처음 시작할 때의 마음 자세', 그리고 자신에 대한 '믿음과 신뢰'가 요구됩니다.

한국에서도 최근 MBSR프로그램을 실시하는 곳이 많이 늘어나고 있고, 대학병원 등에서도 진행하고 있거나 진행할 예정입니다. 스트레스 등으로 고민이 많은 분들이라면 참여해 보면 좋을 것입니다.

참조 '걷기명상'은 35번, 78번, '호흡명상'은 22번의 답변을 참조하시면 도움이 됩니다.

039 정적 명상, 동적 명상을 같이 하면 안 되나요?

명상을 정적 명상과 동적 명상으로 나눌 수 있다고 하더군요. 꼭 그렇게 두 부류로 나눠서 명상을 해야 되나요? 둘 다 같이 하고 싶은데 그런 명상이 있다면 어떤 프로그램이고 어떤 특징이 있는지 알려주세요.

정적 명상과 동적 명상을 같이 하는 것도 가능합니다. 다만, 될 수 있으면 동적 명상을 먼저 한 뒤에 정적 명상을 하는 것이 집중하기가 조금 더 수월한 편입니다.

정적 명상과 동적 명상이 혼합된 프로그램으로는 '불교와 사상의학 연구회'에서 체질에 따른 명상의 차이를 알아보기 위해 개발한 알파 버전α-version 명상 프로그램이 있습니다. '불교와 사상의학 연구회'는 한국연구재단의 지원을 받아 2010년부터 '심신치유프로토콜 구축을 위한 불교와 사상의학의 융합연구'를 진행해 오고 있습니다. 이 연구회의 기본 아이디어는 '어떤 명상법이 좋다고 해서 모든 사람에게 적용되지는 않을 것이다.'라는 생각에서 출발했습니다. 사람마다 태어난 환경, 기질, 성격 등등이 다르기 때문에 명상법 역시 달리 적용하면 좋을 것이라는 아이디어입니다. 그래서 전통적으로 우리 한의학에서 자생되어 발전된 동무 이제마의 '사상의학'을 명상에 접목하게 되면 체질에 따른 명상법을 제시할 수 있지 않을까 라고 생각에서 이 명상 프로그램이 개발되기에 이른 것입니다.

　　알파 버전 명상 프로그램은 위와 같은 연구의 1단계 프로그램으로, 체질에 상관없이 누구나 할 수 있는 명상프로그램입니다. 전체 30분으로 구성되어 있고, 이를 반복 수련함으로써 심신의 조화를 도모하고자 한 것입니다. 이 프로그램은 일종의 복합 명상으로서, 하나의 명상법이 아닌 3가지 유형의 명상 프로그램을 조합한 것입니다.

　　호흡명상을 중심으로 동작명상과 이완명상을 적용하였습니다. 호흡명상은 모든 명상의 가장 기본이자 근간이 되는 명상법이며, 다른 명상법보다 배우기 쉽고 일상생활에서도 쉽게 할 수 있다는 장점이 있습니다. 동작명상은 고대 중국의 화타라고 하는 명의名醫가 만들었다고 전해지는 '고식화타오금희' 가운데 일기화삼청 부분을 응용하여 10분 정도로 할 수 있는 동작으로 구성되었습니다. 이완명상은 독일의 정신과 의사인 요하네스 슐츠 박사가 1929년에 개발한 자율훈련법인 아우토겐입니다. 아우토겐은 일종의 자기 최면을 통해 몸을 이완시키는 것으로 그 효과성이 탁월하다고 인정받아 많은 병원에서도 사용되는 프로그램이며, 총6단계로 구성된 아우토겐 중에서 호흡명상과의 연관성을 고려해서 3단계로 재구성하여 적용하였습니다. 이완명상 다음에 호흡명상을 15분 정도 하게 되는데, 호흡은 수식관數息觀을 하게 됩니다. 수식관이란 들숨과 날숨을 '하나'로 하여 '열'까지 헤아리고, 다시 '하나'부터 '열'까지를 반복적으로 헤아리는

일기화삼청(一氣化三淸) '하나의 기운이 삼청으로 화한다'라는 의미로, 고식화타오금희의 첫 번째 동작군이다. 흔히들 '예비공(豫備功)'이라는 용어를 사용하는 경우도 있고, 대만에서는 '선천일기공(先天一氣功)'이라고도 한다. 신체의 상중하를 통합하여 합일시킨다는 의미의 동작이라고 이해할 수 있다.

아우토겐 독일의 외과의사인 슐츠박사가 고안한 자기암시를 통한 자율훈련법으로 이완요법으로 널리 알려져 있다. 전체 6단계로 구성되어 있으며, 심신의 이완과 평온을 유도하는 문장을 속으로 읊조리면서 진행한다.

것을 말합니다. 마지막으로는 바디스캔을 통해 명상을 정리하게 됩니다. 바디스캔은 누워서 하거나 의자에 앉아서 해도 무방합니다. 머리끝에서 손과 발끝까지 세밀하게 주의를 기울여 알아차림으로써 긴장과 통증을 해소하고 이완시키는 방법입니다. 알파 버전 명상 프로그램은 이렇게 총 4단계로 구성되어 있습니다.

이 프로그램의 특징은 쉽게 배울 수 있다는 점이고, 30분이라는 짧은 시간으로 충분하다는 것입니다. 또한, 자기 이해의 증진을 통한 자존감 회복, 스트레스나 불안, 우울, 분노와 같은 부정적 정서를 개선하는 데 도움이 됩니다.

040 생활명상은 뭐예요?

생활명상이란 말을 들어 보았는데, 이것은 생활 속에서 명상을 한다는 말인가요? 아니면 어떤 특정한 생활환경 속에서 명상을 한다는 말인가요? 구체적으로 어떻게 하면 되는 건지 궁금합니다.

요즘 생활명상이란 말들을 종종 사용하는 것을 보게 됩니다. 생활명상은 어떤 맥락에서 사용하느냐에 따라 그 의미와 내용이 달라질 수 있을 것입니다. 하지만 보통 생활명상이라고 하면, 일상생활 속에서 명상의 기법을 활용한다는 의미로 파악하면 될 것입니다.

불교에서는 예부터, 행주좌와어묵동정行住坐臥語默動靜이 모두 수행 아님이 없다는 말을 합니다. 즉 우리의 모든 일상생활 그 자체가 수행하는 장소가 됩니다. 굳이 깊은 산속에 들어간다거나, 수련센터를 찾아가지 않아도 우리의 생활 속에서 수행도, 명상도 가능하다는 것입니다.

생활명상의 기본은 생활 속에서 자신이 배우고 익힌 명상법을 적용하는 것입니다. 말하자면 간화선을 하는 경우 화두를 일상생

활 속에서 늘 참구하는 것이 되고, 염불을 한다면 생활을 하면서 염불을 지속하는 것이 됩니다. 종교적 측면을 배제한다면, 자신의 행동, 말, 생각에 대해서 세밀하게 알아차리는 것을 연습하는 것입니다. 걸을 때는 걷는 것에 집중하고, 먹을 때는 맛을 충분히 음미하면서 먹고, 책을 읽을 때는 책을 읽는 데에 정신을 집중하고, 친구와 대화할 때는 대화의 내용에 집중하는 것, 바로 이것이 생활명상인 것입니다.

  핵심은, 지금 내가 하는 행동에 최대한 마음을 두는 것입니다. 이 때 중요한 것은 앞의 여러 항목에서도 설명되었듯이, 판단하지 않고, 수용하는 자세로 임하는 것입니다. 청소하다가 생각이 떠오르면 '아, 생각이 떠올랐구나.'하고 인정하고 바로 청소에 집중합니다. 밥을 먹다가 화가 났던 상황이 떠오르면, '화가 났구나'하고 인정하고 밥을 먹는 데 집중하는 것입니다. 즉 지금 이 순간 자신에게 생겨나는 몸과 마음의 현상에 주의를 기울여 알아차리는 것을 말합니다.

생활명상이 익숙해지기 위해서는 우선 정좌명상이나 호흡명상과 같은 기본 명상에 어느 정도 숙달될 필요가 있습니다. 그리고 명상의 기본 목적과 방법 등에 대해서 충분히 이해하고 익숙해지게 되면 일상생활에서 그대로 적용할 수 있게 됩니다.

명상이란 '고요히 생각하는 것'이 아니라, '생각으로부터 자유로워지는 것'입니다. 말하자면 일상생활 속에서 나도 모르게 '생각의 홍수'에 휩쓸려 다니던 자신을 현실이라는 땅을 딛고 살 수 있게 하는 것이 명상입니다. 이렇게 하기 위해서는 '지금 여기'에서 나에게 일어나고 있는 모든 몸과 마음의 현상에 최대한 마음을 두는 것이 필요합니다. 그만큼 나의 생각/관념에서 자유로워질 것입니다.

먼저 가장 간단한 것부터 시작해 보는 것이 좋습니다. 하나씩 하나씩 천천히 해보는 것입니다. 예를 들면 밥을 먹거나 간식을 먹을 때, 최대한 그 음식의 맛을 잘 음미하면서 먹는 것을 해보는 것입니다. 매콤한 맛, 달콤한 맛, 짠 맛, 싱거운 맛 등 맛을 최대한 음미합니다. 그리고 최대한 천천히 잘 씹으면서 씹는 행위 자체에도 주의를 기울입니다. 이렇게 일상생활에서 내가 할 수 있는 영역에 하나씩 마음챙김 명상mindfulness meditation을 적용해 보는 것이 생활명상이라고 할 수 있을 것입니다.

참조 '정좌명상'은 21번, '호흡명상'은 22번의 답변을 참조하시면 도움이 됩니다.

MEDITATION

100
QUESTIONS
&ANSWERS

PART 03

명상의 효과

명상을 하면 어떤 효과가 있을까요? 신체적으로 또 정신적으로 힘들 때 명상은 어떻게 도움을 줄 수 있을까요? 3장에서는 명상이 주는 긍정적인 효과에 대해 설명합니다. 불면증, 집중력 결핍증, 과체중, 두통, 스마트폰 중독 등등에서부터 금연이나 금주에 이르기까지 각 경우에 명상이 줄 수 있는 효과를 소개합니다.

041 명상하면
어떤 효과가 있나요?

최근에 명상이 심신 건강에 도움 된다는 기사를 여러 번 봤습니다. 구체적으로 어디에 어떻게 좋은지 궁금합니다.

현대인들은 다양한 스트레스로 인해 우울과 불안, 분노가 축적된 상황 속에 무방비 상태로 노출되어 있습니다. 이러한 시대적 분위기 또는 현상은 사람들로 하여금 심리적 안녕감을 추구하게 하였고, 그로 인해 다양한 심리요법이 주목받게 되었습니다. 그 중에 특히 명상이 주목받기 시작하였으며, 지난 10여 년 간 명상관련 연구들이 활발하게 진행되어 다양한 분야에서 명상의 효과들이 검증되고 있습니다.

그렇다면 실제 명상의 효과는 어떨까 하는 의문이 생기게 됩니다. 2003년부터 2013년까지 발표된 명상 프로그램 효과 관련 연구물을 분석한 연구 자료[1]에 의하면 다음과 같이 심리적 요인긍정적, 부정적 기능, 신체적 요인, 생리적 요인, 사회적 요인행동적응 기능, 사회적응 기능으로 구분하여 명상의 효과를 살펴볼 수 있습니다.

요인		
상위 요인		하위 요인
심리적	긍정적 기능	자아존중감, 자아효능감, 자기통제력, 자기조절력, 자기수용력, 낙관성, 정서안정, 행복감
	부정적 기능	우울, 불안, 분노, 스트레스, 공격성, 적대감, 긴장, 충동성, 강박증, 두려움, 무기력,
신체적		신체화, 통증, 수면문제, 피로, 체지방
생리적		혈압, 맥박, 코티졸
사회적	행동적응 기능	주의집중력, 의사소통, 자기표현, 자율성, 창의력
	사회적응 기능	대인관계, 대인예민성 해결력, 응집력

이 연구결과에 의하면 사회적 요인 중 행동적응 기능에서 명상의 효과가 가장 큰 것으로 나타났으며, 특히 각각의 하위 요인에서 창의력, 의사소통, 수면문제, 주의집중력, 두려움, 피로, 낙관성, 행복감, 통증, 공격성, 대인예민성 해결력, 우울, 자기통제력, 정서안정 순서로 효과가 큰 것으로 드러났습니다. 이러한 결과는 명상이 심리적, 신체적, 생리적, 사회적으로 다양한 요인에 도움이 되는 것은 물론 창의성, 주의집중력, 의사소통 등 행동적응과 관련된 사회적 요인에 더 큰 효과가 있다는 점을 보여주고 있습니다. 따라서 개인의 종합적인 건강을 위해 명상프로그램을 도입하여 일상생활에서 활용하면 많은 도움이 될 수 있습니다. 이와 더불어 조직생활과 산업현장에서

코티졸 스트레스 호르몬 이라고 하며 좌우 콩팥 위에 있는 내분비샘인 부신에서 합성, 분비된다. 화가 날 때와 같이 심리적으로 흥분 경우에 많이 분비되는 것으로 알려졌다.

의 능률 향상을 위해 학교, 직장 등에서 명상프로그램을 활용한다면 긍정적인 효과가 있을 것입니다.

또한 명상이 각 요인에 미치는 효과를 연령에 따라 분석한 결과, 성인은 긴장과 우울을 경감시키고, 대인관계, 행복감, 정서 안정을 증진시키는 데 상대적으로 큰 효과를 보인 것으로 나타났습니다. 청소년은 통증, 분노, 스트레스의 완화에서 큰 효과를 보였고, 아동은 스트레스 감소와 주의집중력, 정서안정, 자기수용력 증진에서 보다 큰 효과를 보였습니다. 이와 같이 연령에 따라 명상프로그램 효과에 차이가 나타나므로, 명상프로그램을 실시할 때 연령 등을 고려하여 대상의 필요와 목적에 따라 적합한 명상법을 택하는 것이 더 효율적일 것입니다.

042 명상이 좋은 이유가 뭐죠?

명상은 정신건강을 위해 하는 건 줄 알았는데 생리학적으로도 좋은 점이 많다더군요. 왜 명상을 하면 정신적으로나 생리학적으로 긍정적인 효과들이 생기는지 궁금합니다.

명상은 심신의 건강을 돕는 효과가 있습니다. 20세기 초반만 하더라도 세계인들의 주요사망원인은 전염병이었습니다. 폐렴, 결핵, 설사와 장염 등으로 목숨을 잃었습니다. 하지만 21세기에 들어서면서부터는 심혈관 질환과, 암, 뇌졸중 등이 사망의 주요원인이 되고 있습니다. 현대인들이 지니는 질병의 원인은 생물학적 단일요인만이 아닌 사회, 심리 등의 많은 요인에 의해서 나타나고 있습니다. 따라서 개인의 환경, 성격, 생활습관 등이 질병에 밀접한 영향을 미치고 있으며 스트레스 역시 주요 원인 중의 하나입니다. 결과적으로 인간의 심리적인 상태가 몸과 마음의 건강에 직접적인 영향을 미친다는 것입니다.

그러다 보니 스트레스를 본격적으로 연구하는 새로운 의과

학이 등장하고 있습니다. 미국에서는 1970년대 후반부터 "심리신경내분비면역학PNI : psychoneuroimmunology"이 등장하여 마음을 다스리는 명상이 몸의 건강을 돕는다는 연구를 진행해 왔습니다. 또한 2003년 8월 4일자 타임지는 커버스토리로 명상의 과학을 다루는데, 명상이 스트레스 완화, 건강유지, 자신의 생각조절, 반복적 삶으로부터의 이탈, 마음의 행복과 평화, 집중력 향상, 자발성과 창조성 개발, 삶의 목표 개발에 효과적이라고 대중에게 소개하고 있습니다. 이처럼 명상은 서구사회에서 새로운 보완치료법으로 등장하게 됩니다.

　　하버드 의대 벤슨Benson 박사의 연구에 의하면 명상을 진행하는 동안 타성적 사고로부터 벗어나 새로운 사고가 전개되는 순간이 일어나는데, 이러한 현상을 '난관돌파breakout'라 부릅니다. 난관돌파가 일어나는 순간 몸에서 산화질소NO : nitric oxide가 발생하는데 산화질소는 현재 심·뇌혈관질환을 예방하는 최적의 화학물질로 평가받고 있습니다. 미국 UCLA의대 약학과 루이스 이그나로Louis Ignarro 교수 등은 1986년 체내의 산화질소가 혈관을 확장하며, 산화질소가 부족하면 혈관이 막혀 각종 질환을 일으킨다는 사실을 밝혀 1998년 노벨생리학상을 수상합니다. 즉, 명상은 심혈관 문제를 개선하는 데 도움이 된다는 것입니다. 또한 산화질소는 도파민과 엔도르핀과 같은 신경전달물질의 방출을 촉진하여 안정감을 야기하고, 중풍관련 뇌부위의 혈행 개선, 에스트로겐 투여효과 증진, 폐경 후 우울증 개선, 면역계통 강화, 이완반응과 위약효과 극대화 등 건강에 많은 영향을 미치고 있습니다. 뿐만 아니라, 명상은 뇌파에도 영향을 미칩니다. 명상 경험이 많으면 임의로 세타파θ波를 발생 시킬 수 있는데, 세타파

산화질소(NO) 동맥 속의 내피세포에서 생성되는 물질로서 혈관을 확장시켜 혈액 흐름을 좋게 하고 혈압을 낮추는 데 도움을 준다. 또한 혈관 내에서 혈액이 응고되는 것을 막아 심·뇌혈관 질환을 예방한다.

는 창의적인 생각과 문제 해결력, 유쾌하고 이완된 기분, 학습 및 기억 능력, 운동기능의 증진에 기여하는 것으로 알려져 있습니다.

이 외에도 명상의 효과에 대해서는 국내외에서 다양한 연구가 진행되고 있습니다. 이들은 심리적·생리적 효과로 구분될 수 있으며 심신 모두에 긍정적인 영향을 미치는 것으로 발표되고 있습니다. 앞으로의 연구를 통해 보다 다양한 정보들이 제공될 것으로 기대됩니다.

043 성격이나 습관도
바꿀 수 있을까요?

마음에 안 드는 나쁜 습관이나 나쁜 성격도 명상을 하면 고칠 수 있을까요? 만약 가능하다면 얼마나 오랫동안 해야 고칠 수 있는지 알려주세요.

명상은 자신의 현재 상태를 알 수 있도록 도와줍니다. 나쁜 습관의 경우 자신이 그것을 멈추고자 하나 자신도 모르는 사이 이미 그 일을 하고 있는 경우가 많습니다. 예를 들어, 긴장하여 손톱을 물어뜯거나, 마른 입술을 적시기 위해 혀를 날름거리는 경우도 나쁜 습관 중의 하나입니다. 그 행위가 긴장완화에 실질적으로 도움이 되지 않음에도 불구하고 위안의 차원에서 위생상, 미관상 좋지 않은 행위를 반복하게 됩니다.

처음 명상을 시작하면 자신이 하는 행위를 알아차리는 훈련을 하게 됩니다. 만약 손톱을 물어뜯고 있다면 자신이 손톱을 물고 있는 상태를 알게 되는 것입니다. 모르면 지속되지만 알면 멈출 수가 있습니다. 한 번 알아차리는 것으로 오래된 습관이 멈추지는 않을 것입

니다. 하지만 자신이 손톱을 물고 있다는 사실을 알고 멈추기를 반복하면 점차 멈추는 것이 수월해집니다. 더 나아가 멈추기가 익숙해지면 손이 입으로 다가가기 전에 물고자 하는 의도를 알아차릴 수 있게 됩니다. 물어뜯는 행위가 나타나기 이전에 행위를 하고자 하는 욕구를 알아차리고 다스리게 되므로, 의도를 알아차리면 행위로 발전하지 않습니다. 더 나아가 왜 물고자 하는 의도가 나타나는지도 알게 됩니다. 마음에서 불안이 일어났기에 손을 물고자 하는 의도가 일어났음을 알게 되는 것입니다. 결과적으로 손을 물고자 하는 의도가 아니라 불안 그 자체를 대상으로 바라볼 수 있게 되는 것입니다. 이러한 과정을 거쳐 명상은 반복적인 습관을 다스릴 수 있게 합니다.

명상이 점진적으로 발전하면 지금 이 순간의 문제뿐만 아니라, 원인을 파악하여 근본적인 문제를 다스릴 수 있도록 도와줍니다. 나쁜 습관에 비해 나쁜 성격을 다스리는 것은 좀 더 어려운 작업이 될 수 있습니다. 자신이 가지고 있는 고유의 성질을 고치는 것은 쉬운 일이 아닙니다. 하지만 습관과 같은 이치로 현재의 문제부터 반복적으로 알아차리게 되면, 자신의 본래 성품과 언행을 통해 외부로 표현하는 자신의 부정적 모습을 살필 수 있게 될 것입니다.

　　나쁜 습관이나 나쁜 성격을 고치는 데 필요한 시간은 상대적이라고 볼 수 있습니다. 고질적인 나쁜 습관이라면 그만큼 반복적인 훈련이 더 필요할 것이므로 사람마다 그 시간에는 작지 않은 차이가 있습니다. 하지만 아무리 깊게 박힌 쇠기둥이라도 공간적 여유가 생기면 쉽게 빼낼 수 있습니다. 명상은 나쁜 습관이나 성격뿐만 아니라, 다양한 중독의 치유방법으로도 활용되고 있습니다. 어떤 사람이나 사물에 대한 의존관계를 벗어나 스스로 독립하는 힘을 기르는 것이 명상의 역할이라고 볼 수 있습니다.

044 명상의 긍정적 역할은 무엇인가요?

오늘날 한국의 자살률이 OECD 국가 중 1위를 차지하는 등 사회병리현상이 심각한 상태라고 보입니다. 이런 문제에 대해 명상이 할 수 있는 긍정적인 역할은 무엇이 있을까요?

2014년에 방송된 뉴스에 따르면 한국의 하루 자살자는 39명으로, 37분에 1명씩 자살을 하고 있습니다. 2013년 한강에 투신한 사람은 모두 127명. 사흘에 한 명 꼴로 스스로 한강에 뛰어든 셈입니다. 한 해 동안 스스로 목숨을 끊는 사람은 14,160명. 교통사고 사망자보다 3배나 많습니다. 증가세도 가팔라서 지난 2012년 10만 명당 자살률은 28.1명으로 20년 새 3배 이상 급증했습니다.

　　세계보건기구WHO에 따르면 사망 및 장애의 원인 가운데 우울증은 지난 2001년 5위에서 최근에는 4위, 2020년에는 2위로 오를 것으로 전망하고 있습니다. 우울증을 가지고 있는 사람은 공황장애를 겪을 가능성이 19배, 공포증은 9배, 강박장애는 11배나 높다고 합니다. 그럼에도 불구하고 우울감을 경험하는 사람의 12%만 전문가를 찾는다고 합니다. 보건복지부는 최근 우리나라 전체 인구 중 27.6%가 평생 동안 우울증을 한 번 이상 경험했다고 밝히고 있으며 남성의 평생 유병률은 31.7%로 여성의 23.4%보다 높은 상태입니다. 연구에 따르면, 자살은 우울증과 밀접한 연관성을 가지고 있습니다. 그래서 오늘날 우울증과 자살은 전 세계적으로 심각한 사회문제로 대두되고 있습니다.

　　우울증은 명상의 심리적 기능과 밀접한 관계를 가지고 있습니다. 위스콘신 대학교의 감성신경과학 연구소장인 리차드 데이비슨 Richard Davidson 박사는 특정 순간에 혈액이 뇌의 어느 부위로 가는지 보여주는 fMRI 분석을 통해 감정에 관한 뇌 속 결정점을 연구하고 있습니다. 그는 인간이 불안, 우울, 분노 등의 부정적 감정을 지닐 때 뇌의 우측 전전두피질과 편도체가 좌측보다 활성화되는 것을 발견했으며, 반대로 낙관적, 열정적, 기력이 넘치는 긍정적 감정을 지닐 때는 좌측 전전두피질이 활성화되는 것을 발견했습니다. 즉, 뇌의 우측 전면은 부정적인 성향이 강하고 좌측 전면은 느긋하고 행복하게 지내는 정서를 일으킨다는 것입니다.

　　더 나아가 그는 티벳 고승 175명을 연구하여 그들 모두가 명상을 진행하는 동안 뇌의 좌반구 쪽이 극단적으로 활성화되는 것을 발견합니다. 좌측 피질이 우측 피질보다 더 왕성하게 활성화될 때 긍정적 정서를 일으킨다는 점을 확인하게 된 것입니다. 그는 행복해지고 싶다면 행복해지는 훈련이 필요하고, 그 훈련법이 명상임을 공표합니다. 명상은 우울로부터 벗어나 긍정적인 정서를 일으키도록 도와줍니다. 결국 명상은 현대인의 심각한 심리적 문제와 자살이라는 극단적 선택으로부터 벗어날 기회를 제공합니다.

최근 명상은 심리치료의 방법으로 활용되고 있습니다. 특히, 인지행동치료의 제3동향을 살펴보면 MBCT와 같은 프로그램이 개발되어 우울증 재발 방지에 명상방법이 적극적으로 활용되고 있다는 사실을 알 수 있습니다. 명상은 근심, 걱정, 불안, 우울 등의 부정적 정서로 인한 심리적 불안정상태로부터 벗어나 편안하고 낙관적인 심리적 안정 상태로 만들어 줍니다. 결과적으로 명상은 기쁨과 슬픔이 반복적으로 교차하는 심리적 기복을 초월하여 평온을 얻게 하는 데 긍정적 역할을 한다고 할 수 있습니다.

045 나에게 잘 맞는 명상법은?

나한테 잘 맞는 명상법 한 가지를 골라서 그것만 계속해도 괜찮을까요? 명상이 전반적으로 긍정적인 효과가 많다고는 하지만, 내 체질이나 성격에 더 잘 맞는 명상법이 있을 것 같아서요.

나에게 잘 맞는 명상법을 골라 그것만 지속해도 좋을 것입니다. 특히 자신의 체질이나 성격유형에 맞는 명상법을 활용한다면 보다 수월하게 진행할 수 있습니다. 예를 들어, 내성적인 사람에게 역동적이고 외향적인 명상을 진행하라고 하면 불편함을 호소할 수 있습니다. 또한 외향적인 사람에게 고요히 다리를 접고 앉아, 많은 시간을 움직임 없이 침묵하라고 한다면 고문 같이 느껴질 것입니다. 따라서 명상을 처음 시작할 때는 자신에게 맞는 손쉬운 방법으로 시작할 것을 권유합니다.

다만, 나에게 맞는 명상법을 찾는 일이 쉽지 않습니다. 불교의 경우, 지도자들은 각각의 수행자에게 적합한 명상법을 주기 위해 오랜 시간 노력해왔습니다. 남방불교의 수행지침서인 『청정도론淸淨

道論』은 인간의 성향을 6가지로 구분하고 각자의 성향에 맞는 수행법을 찾을 수 있도록 합니다. 지도자는 먼저 수행자들이 어떻게 행동하고, 일하고, 먹고, 보고, 심리현상을 나타내는지를 자세히 살피고, 이들과의 상담을 통해 탐食, 진瞋, 치癡, 신信, 각覺, 진眞이라는 여섯 가지 유형으로 구분한 후에 이들에게 맞는 수행법을 찾아주는 시스템을 만든 것입니다. 이와 같은 구분은 보다 쉽게 명상을 진행할 수 있도록 도와줍니다.

최근에는 종교뿐만 아니라 한의학, 심리학 등의 다양한 분야에서 사상체질, MBTI, 에니어그램 등과 같이 인간의 성향을 구분하는 방법론들이 제시되고 있습니다. 그리고 이러한 구분법을 바탕으로 성향에 따라 어떤 명상이 보다 효율적인지에 대한 연구도 심화되고 있습니다.

하지만 다양한 명상의 방법들은 명상의 시작에서 차이가 있을 뿐, 명상의 내적 기능을 파악하면 유사해집니다. 등산을 할 때 다양한 코스가 있고 사람마다 좋아하는 길이 다르지만, 처음의 시작지점이 다를 뿐이지 어느 정도 오르면 비슷한 위치에서 만나게 됩니다. 어떤 코스이든 자신이 꾸준히 진행하며 다양한 경험도 하고 고비도 넘기면, 다음에 다른 코스로 올라도 문제가 없지만, 처음의 시작점을 자주 바꾸게 되면 끝까지 오르지 못하고 계속 그 자리를 맴돌 수 있습니다. 명상도 마찬가지입니다. 방법을 자주 바꾸기 보다는 꾸준히 지속하고 익숙해진 후에 필요여하에 따라 다른 방법을 경험해 볼 것을 권합니다.

046 개인의 조건에 따라 효과 차이가 있나요?

명상의 종류나 방법, 시간, 이런 것들 말고, 명상의 효과를 보는 데 남녀 차이, 연령 차이, 성격 차이 같은 개인 조건에 따라 차이가 있나요?

명상 자체에 차이가 있다기보다는 명상을 진행하는 사람이 다르니 그 효과도 다르다고 볼 수 있습니다. 예를 들어, 골프를 한다고 해도 성별에 따라, 연령에 따라, 성격에 따라, 개인의 조건에 따라 그 결과가 다르게 나타날 것입니다. 하지만 그것은 명상 참여 목적이나 선호도 등에 의한 차이일 수 있으며, 개인이 얼마나 적극적으로 노력하고 참여하느냐에 따라 개별적 조건은 극복될 수 있습니다. 따라서 명상을 진행하는 데 절대적으로 유리한 조건이나 긍정적 결과를 내는 선천적 조건은 찾아보기 어렵습니다.

긍정적으로 본다면, 어린이의 순수함이 현상을 있는 그대로 수용하는 데 적합할 것이며, 어른의 노련함이 지혜로운 이해에 영향을 미칠 것입니다. 조급한 마음이 노력을 부추길 것이고, 느슨한 마음이 이완을 일으킬 것입니다. 물론 이러한 특성들은 반대로 부정적 작용을 일으킬 수도 있습니다.

만약 명상의 결과에 절대적인 기준이 있다면 차이점을 논하기 수월하겠으나, 명상의 결과는 개인의 주관적 차원에서 다뤄집니다. 한 구절의 시구詩句가 누군가에게는 인생의 전환점이 될 수 있는 것처럼, 명상법이 같다고 할지라도 그것의 효과를 체험하는 것은 주관적 경험에 의한 것입니다. 불교에서 말하는 선정禪定 등을 체험한다고 할 때도 주관적 경험에 의지하고 있는 것이 사실입니다. 개인의 조건에 따라 명상의 효과에 차이가 있는 것은 분명합니다. 하지만 그 차이가 무엇인지를 객관화하기는 쉽지 않습니다.

개인의 조건보다는 환경적인 조건이 명상의 효과에 더 많은 영향을 미칠 수 있을 것입니다. 예를 들어, 혼자 명상하기보다는 여럿이 함께 할 수 있는 환경, 가족의 동의나 주변의 호의 안에서 진행할 수 있는 환경, 적절히 지도해 줄 수 있는 지도자가 있는 환경 등이 긍정적 효과에 많은 영향을 미칠 것입니다.

047 초능력이 생기나요?

가끔씩 OO산에서 오랫동안 명상하다가 무슨 도력을 얻었다는 사람들 이야기를 듣게 됩니다. 명상을 오래 하면 초능력신통력이 생긴다는 게 사실인가요?

명상은 경우에 따라 기존에 해보지 못한 색다른 체험을 하게 합니다. 다만, 이 체험은 물리적 혹은 신비적인 것이라기보다 심리적 차원에 가깝습니다. 명상을 통해 몸이 공중에 뜬다거나, 먼 거리의 사물이 보이거나, 소리가 들리거나, 물위를 걷는다거나, 벽을 뚫고 지나간다거나, 다른 사람의 몸속을 보거나, 마음을 읽거나, 미래를 예측하는 신통력神通力을 경험하는 사람들도 있을 수 있습니다. 이들의 진위여부를 파악하기는 어렵지만, 보통 명상을 통해 획득되는 초능력은 신비적인 능력보다는 기존에 알지 못했던 현상들을 알게 되는 경험적 능력이라고 볼 수 있습니다.

예를 들어, 명상은 고요함을 통해 몸의 움직임을 섬세하게 파악할 수 있도록 돕습니다. 평소에는 느끼지 못했던 맥박, 호흡, 간지러움, 통증들도 마치 눈으로 보듯이 자세히 알 수 있게 됩니다. 다리의 저림 등을 통해 피의 흐름도 파악이 되고, 근육의 움직임과 열기를 통한 땀의 분출까지도 알 수 있게 됩니다. 이러한 능력은 몸에 대한 탁월한 관찰력이라고 볼 수 있습니다. 또한 마음의 움직임도 알 수 있습니다. 단순히 분노하는 마음을 아는 것이 아니라 어떤 과정에 의해 분노가 일어나고 있으며, 이러한 분노가 신체적으로 어떤 반응을 일으키는지 알게 되는 것입니다. 이것이 몸과 마음을 아는 초능력입니다. 이러한 초능력을 통하여 몸과 마음에 불필요하게 붙어있는 응어리를 풀어낼 수도 있습니다. 치유의 작용이 나타나는 것입니다.

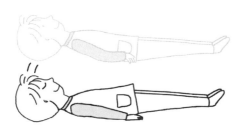

물론 명상의 과정을 통해 특별한 경험을 하기도 합니다. 공중부양이나 유체이탈을 경험하기도 하고, 몸이 마음대로 움직여 춤을 추기도 하며, 다양한 시청각적 현상들을 바라보기도 합니다. 특히, 마음속에서 강한 빛을 경험하기도 하고, 예리한 이해력이 생겨 가르침의 깊은 의미를 꿰뚫듯이 이해하기도 합니다. 몸의 전율을 느끼는 희열이 생기기도 하고, 몸과 마음이 아주 안정되어 편안해 지는 것을 경험하기도 합니다. 마음에서 강렬한 즐거운 느낌을 느끼기도 하며, 강한 믿음이 생겨나기도 하며, 더욱더 노력하여 정진을 하며, 흔들림 없는 집중이 뚜렷하게 항상 자리 잡고 있기도 하고, 마음은 더욱더 평온해지며, 이러한 여러 가지 현상들에 대하여 집착과 욕망이 일어나기도 합니다. 불교에서는 이러한 경험들을 명상을 통한 긍정적인 능력이라기보다 버려야 할 번뇌[十觀隨染]라고 부릅니다. 왜냐하면 이러한 현상들을 경험하면, 다시 체험하고 싶은 욕구로 발전하기 십상이기 때문입니다. 이러한 특별한 현상에 대한 욕구가 늘어나면 명상은 순조롭게 진행되기 어렵습니다. 따라서 불교명상에서의 초능력은 특별한 능력[神通]이 아니라 현상을 아는 뛰어난 지혜abhiññā의 의미로 사용된다는 점에 유념할 필요가 있습니다.

현상을 아는 뛰어난 지혜
우리는 보통 사물에 대해 이렇다 저렇다 판단하기 때문에 사물을 있는 그대로 보지 못한다. 명상을 깊이 하게 되면 사물 혹은 현상에 대한 선입견이나 분별없이 있는 그대로 관찰할 수 있는 지혜가 생기는데 이를 '현상을 아는 뛰어난 지혜'라고 한다.

048 운동효과가 있나요?

명상이 상당히 좋다고 하는데, 바쁜 일상 중에 명상 따로 하고 운동
따로 하기에는 시간이 너무 빠듯한 것이 사실입니다. 명상으로도 운
동효과가 있나요? 그렇다면 어떤 명상을 하는 것이 좋은가요?

명상은 보통 앉아서 하는 것이 가장 많지만, 운동을 겸하여 하는 명
상법도 있습니다. 또 앉아서 하는 명상이라 하더라도 명상 전에 스트
레칭을 해주어 무릎 관절, 척추, 허리의 통증을 예방하는 것이 좋습니
다. 이렇게 하면 기본적인 운동효과가 나타나기도 합니다. 중국 소림
사 무술의 여러 가지 권법도 원래 달마스님이 인도에서 명상 전후에
행하던 준비 운동의 일환인 요가를 전하였는데, 이들 동작들을 응용
한 것이라고 합니다. 선禪체조나 소림권법으로 불리는 다양한 동작들
이 바로 요가에서 비롯되었다고 합니다.

　　명상의 효과들은 근래에 과학적인 연구를 통해서 속속 밝혀
지고 있습니다. 생체정보측정기·항산화역량측정기·혈압계·뇌파측
정기·심장박동측정기 등의 의료장비로 몸과 마음에 미치는 영향 관

계를 증명해 내고 있습니다.

명상은 하나의 대상에 집중하는 훈련을 통해 심신을 관찰하는 것입니다. 명상의 가장 큰 효과는 마음이 고요하고 편안해지고 신체가 이완상태로 들어가 뇌파를 안정시키고, 혈압을 낮추며, 혈관을 넓히고 심장의 박동을 안정되게 하며, 스트레스에 대응하는 능력을 키워준다는 것입니다. 운동은 보통 유산소운동이 좋고 일정한 동작을 반복적으로 행하여 근력강화와 혈액순환을 도와주며, 스트레스 해소에 도움을 줍니다. 하지만 운동에 명상을 적용하면 보다 나은 효과를 기대할 수 있습니다.

운동을 겸한 명상으로는 요가나 태극권, 기공을 이용한 동적 명상 등을 추천하고 싶습니다. 일정한 시간 동안 깊은 명상과 간단하고 편안한 동작들을 결합시켜 몸과 마음에서 생겨나는 현상과 그 변화에 주의를 기울여 알아차리는 것입니다. 이들 운동은 격렬한 운동은 아니더라도, 다양한 동작을 통하여 몸을 이완시키면서 의식을 신체 주요 동작이나 부위에 집중하기 때문에 신체의 필요한 부분에 대한 집중적인 운동효과를 낼 수도 있습니다. 운동을 겸한 명상은 온몸의 관절을 이용하여 운동하게 함으로써 몸의 균형을 잡아주고 하체근육과 배와 허리의 근육을 키워주며 새로운 뇌세포가 생성되도록 만들어 대뇌피질을 두껍게 해준다고 합니다.

태극권은 완만한 동작으로 몸과 마음의 조화를 이루고 호흡을 동작에 일치시키면서 명상효과를 가져오고 고요하고 부드러운 동작으로 신체의 평형과 균형을 가져오게 한다고 합니다. 그리고 근래 널리 알려진 절 명상 등은 누구나 간편하게 운동을 겸해서 할 수 있는 명상입니다. 절을 할 때는 빨리 하려고 하지 말고 적당한 속도로 호흡에 맞추어 정확하게 이마, 양쪽 팔꿈치, 양쪽 무릎이 땅에 닿도록 합니다.

이런 동적 명상이 어렵다면 걷기명상도 가능합니다. 이 명상법은 걷는 데 의식을 두는데 천천히 걸어가면서 걸음걸음에 주의를 기울이는 방법입니다. 우선 장소를 잘 선택해야 하는데 20분 정도 방해 받지 않고 걸을 수 있는 조용하고 한적한 장소면 좋습니다. 걸을 때는 의식을 걷는 데 맞추어 자연스럽게 호흡하면서 천천히 걷습니다. 주의력을 자신의 신체에 집중하며 걷는 것이 중요한데, 넓적다리와 팔의 동작, 보행 리듬을 잘 알아차려야 합니다. 즉 걷는 감각, 다시 말해 신체의 이동이나 변화를 세밀히 느끼는 것이 중요합니다.

이들 동적 명상들은 동작에 치중하다보면 본래 명상의 범위를 넘어서 체조나 운동법으로 나아갈 수 있으니 주의할 필요가 있습니다.

참조 '동적 명상'은 31번, '태극권'은 34번, '요가'는 33번, '절 명상'은 32번, '걷기명상'은 35번의 답변을 참조하시면 도움이 됩니다.

049 십대 청소년도
명상을 배울 수 있나요?

요즘 십대들은 게임이나 스마트 폰 같이 자극적인 것을 좋아하는 편이잖아요. 그런 십대 청소년들도 명상을 배울 수 있을까요? 그들에게 명상을 가르쳐도 성인들과 마찬가지로 효과가 있는지 궁금하네요.

요즈음 청소년들도 명상을 통해 많은 성과를 얻고 있는 걸로 알려져 있습니다. 십대 청소년들은 폭력 서클이나 인터넷, 스마트폰, 각종 사회 병리현상들에 노출되면 쉽게 동화되어 여러 가지 문제가 발생합니다. 인터넷에 빠져서 외부의 무분별한 정보와 자극을 쉽게 받아들여 쉽게 모방하고 반응하기도 합니다. 또 게임에 빠져 가상 상황을 실제로 오인하여 폭력성향이 강해지고 공격적인 성격이 나타나며, 가정과 학교로부터 생기는 학교성적, 시험에 대한 스트레스 등으로 강박감에 시달리거나 친구들로부터 상처를 받고 고민과 불안, 외로움을 호소하기도 합니다.

게임은 그 중독성이 매우 강해서 깊이 빠지면 단지 오락을 하는 것이 아니라, 마음과 뇌세포 속에 게임이라는 건물을 짓게 됩니다. 우리 뇌의 70%는 손과 발, 그리고 혀와 서로 연결되어 있다고도 합니다. 때문에 여기에 빠지면 손과 발과 입이 게임에 묶여버리는 결과를 초래하게 됩니다. 이렇게 되면 아동기와 청소년기의 발달과 성장에 중요한 사고력과 창의력이 떨어지고, 정신적 건강에도 치명적인 문제를 일으키게 된다는 것입니다. 전문가들도 그 심각성에 대해서 경고하고 있습니다. 게임·도박 중독의 권위자이자 중독 정신의학 전문가인 미국 예일대 정신과 마크 포텐자Marc Potenza 교수는 게임·도박은 뇌 과학적 기전에 의한 문제로 인식해야 한다고 합니다. 특히 뇌 과학적 기전으로 봤을 때, 인터넷 게임중독이 흡연이나 약물사용, 우울증, 폭력성 등과 관련성이 높다는 점을 지적하고 있습니다.

　　이와 같은 청소년 문제도 명상을 통해서 적극적으로 해결할 수 있습니다. 명상을 하게 하면 자신이 누군지 좀 더 알게 되어 마음의 안정을 찾게 됩니다. 명상의 여러 가지 방법마다 차이는 있지만 마음에 주의를 기울여 알아차려 가다보면 고요한 마음의 상태에 들어가 잠들어 있는 것 같으면서도 깨어있고 깨어있으면서 잠든 상태에 들어가게 됩니다. 이를 통해 마음의 편안함을 얻고 부정적인 마음, 폭력적인 마음을 버릴 수 있게 됩니다. 또 명상 상태에 들어가서 자신의 현재 마음을 관찰하고 자신의 근심과 불안, 두려움 등에 반응하지 않고 가만히 들여다보면 점차 그 마음에 집착하지 않게 됩니다.

　　청소년들이 하루를 시작하거나 저녁 일과를 마무리 할 때 꾸준히 명상을 하도록 하였더니 자신의 마음의 움직임을 관찰하여 두려움으로부터 벗어나 당당한 마음을 갖게 되어 대인관계도 좋아지고, 게임과 스마트폰으로 인한 산만한 마음들이 평온해져서 집중력이 훨씬 좋아졌다는 연구가 많이 보고되고 있습니다. 학교 친구들 사이에 일어난 상처나 오해, 성적을 올려야 한다는 초조함 등은 명상 속에서 모두 떠올려서 이를 비우기를 통하여 지워나갈 수 있습니다.

실제로 어떤 학교에서는 학생들에게 수업 전후에 약 5분여 동안 마음챙김이라는 명상 방법을 사용하여 눈을 감고 하루를 돌아보고 버리고 싶었던 마음을 떠올리게 하여 버리기를 통하여 비워나가게 함으로써 큰 성과를 본 일들도 있습니다.

명상은 감수성이 예민한 청소년기에 시작하는 것이 더 좋은 효과를 볼 수 있습니다. 청소년기에 심신이 조화롭게 성장하는 데 명상은 큰 도움이 될 수 있습니다. 다만, 억지로 강요하기보다는 명상의 긍정적 효과를 이해할 수 있도록 하여 청소년이 자발적으로 명상에 참여하게 하는 것이 바람직할 것입니다.

050 면역력이 좋아지나요?

질병이 생기기 이전에, 명상을 통해 예방 효과를 볼 수 있으면 좋겠다고 생각됩니다. 명상을 꾸준히 오래 하면 면역력이 강화되고 질병을 예방할 수 있게 될까요?

명상을 하면 우리의 심신은 이완됩니다. 일단 마음이 고요해지면서 몸과 마음이 편안해지고, 이렇게 이완된 상태에서는 자연치유력이 발생하여 우리의 몸과 마음은 원래의 위치로 돌아오게 됩니다. 마치 꼬였던 실타래가 풀리듯이, 몸과 마음의 평온이 자연 면역력을 증강하는 효과를 발생시키는 것입니다. 면역력이 높은 사람은 신종 플루나 감기 등에 잘 걸리지 않는 등, 각종 병균이나 질병에 대해서 저항력이 생겨서 이를 이겨낼 수 있습니다.

또한 명상을 꾸준히 하면 두뇌의 뇌파를 안정시키고, 혈압을 낮추며, 혈관을 넓히고 심장을 적게 뛰게 하고, 신진대사율을 적게 하여 건강한 쪽으로 생리작용을 유도하여 자동면역 증가 상태로 나아가게 된다고 합니다. 이렇게 되면 행복호르몬 다량분비, 백혈구 중가, T임파구 증가, 체중조절효과 등도 기대할 수 있습니다.

　　명상은 생리적인 면에서도 우리를 젊게 만들어 줍니다. 1970년대 초에는 정신의학·임상심리 학자들에 의해서 명상의 정신·심리적 효과에 관한 연구가 시작되었는데, 명상을 한 사람의 생리적 연령이 자연 연령보다 젊어졌다는 연구결과가 나와 있습니다. 매일매일 빠지지 않고 5년 동안 명상을 하고 있는 50대 사람과 그렇지 않은 사람의 생리작용을 눈·귀·감각·혈압을 중심으로 측정해 비교해 보니 양자 간에 확연히 다른 결과가 나타났다고 합니다. 눈은 얼마나 가까이 보는가의 근점 시력, 귀에 대해서는 어느 정도의 고음부의 소리를 들을 수 있는가의 청각 역치, 혈압에 대해서는 최고 혈압에서 실제 나이보다도 12세나 더 젊은 측정치를 보여주었다고 합니다. 곧 명상을 하면 노화의 진전도가 보통사람보다 천천히 진행되어 생리적 나이가 낮게 나타난다는 것입니다. 생리적 나이가 낮아지면 우리의 신체기능도 훨씬 민첩해지고 반사기능도 일반 사람보다 좋을 수밖에 없어서 위험상황에 처했을 때 스스로 방어하고 극복할 수 있게 됩니다. 또 생리적인 면이 향상되면 정신적인 면에서도 스트레스를 해소할 수 있는 힘이 생깁니다. 과도한 스트레스 환경은 면역체계에 혼란을 가져와 각종 질환을 유발할 수 있다는 것이 대부분 전문가들의 견해입니다. 이럴 때 명상을 통하여 스트레스를 해소하고 긍정적인 사고와 마음의 여유를 갖는 것이 필요하다고 지적합니다.

　　면역력을 증대시키는 가장 손쉬운 명상법으로는 호흡명상을 들 수 있습니다. 전통적인 호흡명상을 다소 응용한 방법을 소개하겠습니다. 먼저 허리를 곧게 펴고 앉아서 가슴에 쌓인 근심, 걱정, 우울한 마음, 스트레스가 숨을 따라 몸 밖으로 따라 나간다고 생각하면서 자연스럽게 숨을 내쉽니다. 숨을 들이쉴 때는 자신이 들이쉬는 깨끗한 숨이 몸과 마음을 깨끗이 정화시켜 준다고 생각하면서, 이 숨이 허파를 거쳐 머리끝, 발끝까지 퍼져 나간다고 이미지화하는 방법으로 호흡을 합니다. 이렇게 지속하면 면역력 강화에 도움을 줄 수 있습니다.

051 적게 자도 안 피곤 할까요?

책이나 방송 등에서 명상에 관한 내용을 보면 30분 이상 명상을 제대로 하면 하루에 2시간 정도만 자도 전혀 피곤함을 못 느낀다고 하기도 하던데요. 정말로 명상을 제대로 잘 하면 잠을 조금 자도 피곤하지 않게 되나요?

꾸준히 명상을 하면 집중력이 향상되어 편안하고 깊은 수면에 들어가도록 유도하는 효과가 있어 불면증 환자들에게 좋다고 합니다. 다시 말해 명상을 하면 깊은 수면을 취할 수 있어 적은 수면으로도 피로를 풀 수 있습니다. 하지만 근본적으로 수면은 인간의 기본 욕구이기에, 건강한 심신을 유지하기 위해서는 일정양의 수면이 반드시 필요합니다. 배가 고픈데 먹지 않으면 쓰러지고 말 듯, 자신의 신체가 필요로 하는 수면의 양이 채워지지 않으면 계속 졸리고 업무능력이 떨어지고 끝내는 건강도 해치게 됩니다. 또한 수면이 부족하면 근본적으로 명상도 잘 이루어지지 않습니다.

　　문제는 수면의 양과 질입니다. 지속적으로 명상을 해 나가면 똑같은 수면을 하더라도 깊이 잠이 들고, 그렇게 되면 몸과 마음은 훨씬 가벼워집니다. 이렇게 깊은 명상을 체험한 사람들은 2시간 정도로도 충분할지 모르지만, 초보자들은 근본적으로 충분한 잠을 자고 명상을 시작하는 것이 좋습니다. 잠을 적게 잔다고 꼭 명상의 대가라고 할 수는 없습니다. 우선 명상을 실천해 가다 보면, 어느덧 집중력이 높아지고 깊은 잠을 잘 수 있게 되는 것입니다.

명상을 하게 되면 몸과 마음이 이완되고, 휴식을 취하게 되어 부족한 수면을 보충해 주는 역할도 하고, 이완된 상태기 때문에 피곤함도 덜 느끼고 에너지 소모도 줄어들게 됩니다. 또 명상으로 집중력이 생기면 망상과 근심, 걱정, 신체적 불편함 등이 가라앉으면서 깊은 잠을 자게 됩니다. 특별히 집중력을 키우는 명상을 통해서 깊은 잠으로 들어가는 방법도 있습니다. 예를 들면 들이쉬고 내쉬는 호흡을 알아차린다든지, 호흡하면서 숫자를 세는 겁니다. 호흡할 때 다른 생각이 일어나면 이를 바로 알아차리고, 그 생각을 내버려둔 채 숫자를 세는 데 집중해 나갑니다. 이렇게 하면 깊은 수면을 취하는 데 크게 도움이 됩니다. 호흡을 알아차리든, 숫자를 세든, 자신에게 맞는 방법을 선택해서 꾸준히 실천하는 것이 좋습니다.

052 불행하다는 생각에 우울하고 불안할 때는?

왠지 불행하다는 생각을 자꾸만 하게 돼요. 남들은 다들 행복하게 잘 사는 것 같은데 저만 힘들게 사는 것 같아요. 그래서 그런지 우울이나 불안 증상이 좀 있는데요. 명상으로 도움을 받을 수 있는 방법이 있을까요? 만약 명상으로 좋아질 수 있다면 우울증 약은 끊어도 될까요?

우울증은 정도의 차이가 있을 뿐 누구나 한 번쯤 경험해보는 현상입니다. 이런 기분은 생활 여건과 환경에 따라 생겼다가 가라앉고 다시 슬며시 찾아오기도 합니다. 어느 날 주위를 돌아보면 남들은 나보다 나은 생활을 하는 것 같고 자신의 생활은 불만족스럽게 느껴집니다. 별로 나아질 것 같지도 않은데다, 이런 생활이 계속될 것 같다는 생각이 들면 밀려오는 우울과 불안, 자괴감 등이 점점 커져서 삶에 대한 흥미와 관심이 없어지고 밥맛도 없어지면서 수면장애가 오고, 불안감에 자살충동까지 느끼게 되는 경우가 있습니다.

이러한 경우 명상을 해보면 심신상태가 좋아져서 편안을 되찾을 수 있습니다. 우선 내 자신이 지금 우울하다는 것을 아는 것에서부터 시작해야 합니다. 내가 우울하다는 것을 인정하고 받아들이는 것입니다. 우울감을 회피하려하지 말고, 있는 그대로 수용할 때 우울이 확장되는 것을 막을 수 있습니다. 명상은 이러한 심리적 안녕감에 도움을 줍니다. 우울이 사라지길 바라기보다 확대되는 것을 막는 것이 시작입니다. 심리학자 아들러Adler는 우울증으로 힘들어 하는 사람들에게 다음과 같은 처방을 내립니다. "14일 만에 좋아질 수 있는 간단한 방법이 있습니다. 한 사람을 정해서 매일 그 사람을 어떻게 기쁘게 할 것인지 생각해 보십시오."

우리 인생을 되돌아보면 지금까지 수많은 난관이 있어서 실패도 하고 때로는 성공도 해왔습니다. 그런데 그런 기억들이 아픈 상처로만 있는 것이 아니라 추억으로 남아 있기도 합니다. 명상도 이러한 원리와 다르지 않습니다. 우리는 살아가는 동안 반복적으로 여러 가지 괴로운 일을 겪고 고통을 받아들이고 흘려보냅니다. 따라서 현재 우리에게 다가오는 불행하다는 생각, 삶의 회의를 가져오는 것들을 있는 그대로 바라보아야 더 이상 괴로움이 되지 않습니다.

사실 불행하다는 마음은 다른 사람과 비교하여 내가 보잘 것 없고, 내 생활여건이 미흡하고, 내 삶이 의미 없다고 생각하는 데서 비롯됩니다. 즉 남과 비교하여 내 마음 속에서 지어낸 것입니다. 남들은 다 행복하게 잘 사는 것 같다는 것도 자신의 생각일 뿐입니다. 행복할 거라고 여겨지는 사람도 실상을 들어보면, 자식문제, 진급문제, 질병문제 등등 문제투성입니다. 이렇게 내가 불행하다는 마음은 내가 스스로 지어낸 생각이니 그냥 흘려보내십시오. 그 생각에 계속 사로잡혀 있으면 과거에 대한 회한, 미래에 대한 불안으로 마음이 방황하게 됩니다. 이제 지속적으로 마음을 관찰하여 불행하다는 생각이면에 있는 행복함이 무엇인가를 찾아보십시오. 그리고 그 행복을 위해서 작은 것부터 실천해 보는 겁니다. 행복과 불행은 항상 같이 따라다닌다고 말하는 것처럼, 불행하다는 생각은 우리를 고통으로 인도하지만, 그 안에서 행복을 가져오는 길을 찾으면 자신을 보호할 뿐 아니라 새로운 삶의 에너지원이 될 수 있습니다.

우울증의 경우 약을 복용하면서 계속 명상을 해 나가다가 복용하지 않아도 된다는 자신감이 생기면, 전문의와 상담하여 줄여나가는 게 좋을 것입니다. 현재 통용되는 항우울제는 용법대로 바르게 사용하면 상당한 효과가 있는 것으로 알려져 있으니, 명상과 같이 병행하면서 점차 줄여가면, 생각보다 쉽게 우울증을 극복할 수 있을 것입니다.

053 삶에 회의가 느껴질 때는?

70대 중반의 남자입니다. 신체적으로 건강한데 한국남자의 평균수명이 80대 초반이라는 생각을 하면 삶에 회의가 들고 우울해집니다. 이런 부정적인 생각이 나지 않게 하는 좋은 명상법을 알려 주세요.

명상에는 받아들이기가 있고 버리기가 있습니다. 명상을 하다 보면 우리의 마음은 깊어지고 크기 또한 한 없이 커집니다. 그래서 지금까지 보지 못하고 알지 못하던 것들을 깨우쳐 줍니다. 또한 명상을 통해 우리에게 다가오는 현상을 있는 그대로 받아들일 수 있게 됩니다. 눈을 감고 지금까지 자신을 괴롭혀 왔던 것들을 모두 있는 그대로 알아차리고 받아들이는 겁니다. 이 세상의 모든 생명체는 태어나는 순간 죽음을 향해 가고 있습니다. 죽음은 누구에게나 정해져 있어서, 누구나 태어나면 늙어서 병들고 죽게 됩니다. 다만 그 정해진 기간이 길고 짧은 것은 주위의 여러 조건에 따라 저마다 달라집니다. 이러한 모든 현상들을 그대로 받아들여 우리에게 진행되는 현상이라고 관찰하십시오. 다가오는 모든 것을 거리낌 없이 온전히 받아들이면 그 순간 근심과 회의가 사라집니다. 명상을 통해 늙음, 죽음, 우울을 받아들임으로써 근심과 걱정이 줄어들 수 있습니다.

어떤 때는 너무 많은 것을 원하고 바라기 때문에 이루어질 수 없는 일이나 성취할 수 없는 것들에 대한 불만에서 우울함이 생기기도 합니다. 이런 때도 명상을 통해 자신의 마음 상태를 알아차리고 받아들임으로써 우리의 우울한 마음을 온전히 비우게 되면 마음이 가벼워집니다. 반복적으로 꾸준히 명상을 해볼 것을 권합니다.

명상을 통해 마음이 건강해지면, 몸도 건강해지게 됩니다. 건강한 마음 건강한 몸에는 우울증이 없어지게 됩니다. "젊음과 늙음은 나이와 육체가 아닌, 열정과 희망, 호기심과 도전에 의해 구분된다."는 말이 있습니다. 아무것도 하지 않은 채, 나이와 늙음과 병과 죽음이라는 부정적 생각을 떠올리면 하루하루 할 일 없는 늙은이가 되어서 다가올 날들이 원수같이 여겨집니다. 그런데 우리가 뭔가 해야 할 목표와 할 수 있다는 자신감과 열정이 있다면 하루 한 순간 한 순간이 의미 있는 순간, 의미 있는 날이 되고 내일 할 일이 기대가 됩니다. 늙음이라는 것은 이와 같이 아무것도 하지 않은 채 일상의 하루가 지나면서 나이가 들고 늙었음을 느낄 때 사람으로 하여금 우울증에 빠지게 만듭니다. 명상을 통하여 진정한 나를 볼 수 있다면 삶의 관계가 개선되고 긍정적인 하루하루를 맞이할 수 있습니다.

명상을 통하여 우울하고 불안한 마음이 진정되면 뇌는 모든 영역에서 활성화됩니다. 이때 명상하는 사람의 뇌에서 높은 수준의 알파파$_{\alpha 波}$가 증가하기 때문에 그동안 소극적인 기분이나 슬픔·분노·불안 같은 것들이 줄어들게 됩니다. 또 우울한 마음이 일어날 때는 혼자 방에 있지 말고 밖으로 나와 자연 속에서 걷기명상을 해보십시오. 걸을 때에는 모든 근심 걱정을 다 버리고 걷는 감각을 느끼면서 가볍게 걷다보면 마음이 가라앉고 고요해집니다. 이때 걷는 발과 바닥의 감촉을 느끼면서 천천히 걷는 것이 좋습니다. 걷기명상도 꾸준히 해야 효과를 볼 수 있습니다.

참조 '걷기명상'은 35번, '우울증'은 52번의 답변을 참조하시면 도움이 됩니다.

054 학업성적 올릴 수 있을까요?

저희 아이가 주의력이 떨어지는지 학업성적이 좋지 않습니다. 학업성적을 향상시키기 위해서 주의력이나 집중력을 키우는 데 좋은 명상법이 있습니까?

명상은 우리 몸 안팎의 특정 자극에 마음을 집중하여 알아차림으로써 정신을 계발하는 작업입니다. 명상은 학업성적에 민감한 학생들에게 집중력을 높여주고 스트레스로 불안 초조한 마음을 안정시키는데 효과가 있습니다. 특히 주의력이 떨어져서 학업성적이 좋지 않다면 명상이 도움이 될 것입니다.

명상을 하면 집중력 향상에 많은 도움이 됩니다. 특히 산만하고 집중력이 떨어져서 깊이 있게 공부하지 못하고, 숙제나 준비물 등을 자주 잊어버리는 학생들이 명상을 하면 집중력이 향상되어 이전과는 다른 우수한 학업성적을 올리기도 합니다.

미국 하버드 의대 허버트 벤슨Herbert Benson은 '일정한 구절의 문장'을 반복적으로 외우는 명상을 권하고 있습니다. 곧 자신이 좋아

허버트 벤슨(Herbert Benson) 하버드 의과대학 심신의학센터 교수로서 명상이 갖는 이완반응(relaxation response)을 측정함으로써 명상의 과학적, 의학적 효능을 검증하였다.

하는 짧은 글귀나 종교에서 권하는 짧은 주문·기도문·단어 등을 선택해서 최소 하루에 1번 이상 10분 정도라도 외우면서 명상해 봅니다. 명상할 때는 우선 편안한 자세를 취하고, 눈을 감은 채 온 몸에 힘을 빼고 최대한 이완된 자세로 호흡에 집중합니다. 숨을 내쉬고 들이쉴 때 자신이 선택한 구절을 반복해서 외웁니다. 이때 잡념이나 어떤 이미지들이 떠오르면 신경 쓰지 말고 지나가게 내버려 두십시오. 오직 문구를 외우는 것에만 집중하면 됩니다. 매일 꾸준히 반복적으로 하는 것이 좋습니다. 이것을 만트라 명상이라고도 합니다.

만트라 명상은 집중사마타명상에 속합니다. 만트라를 할 때는 절 명상과 같이 하면 더 좋은 효과를 볼 수 있습니다. 이외에도 자애명상이나 호흡명상도 집중력 향상에 도움이 됩니다. 특히 자존감이 떨어지고 남과의 과도한 경쟁에 불안한 학생이라면 자애명상이 도움이 될 것입니다. 자애란 말 그대로 나와 남을 모두 수용하고 있는 그대로 인정할 수 있는 용기와 넉넉함의 덕을 뜻합니다. 만약 산만하다면 호흡명상이 도움이 됩니다. 코끝이나 인중에 마음을 모아 숨이 들어오고 나오는 것을 알아차리다 보면, 자연스럽게 집중력이 높아지게 됩니다.

이러한 명상을 하게 되면, 집중력이 높아지면서 자연스럽게 뇌 기능이 향상되게 됩니다. 전문가들은 명상이 부분적으로 뇌 실행 기능의 일관성을 향상시키고 스트레스를 감소시키는 효과가 있다고 말합니다. 또한 명상을 하면 뇌의 크기가 달라진다고 하는데, 명상을 오래 해온 사람은 그렇지 않은 사람보다 뇌가 더 크고 뇌의 기능도 더 잘 발휘된다고 알려져 있습니다. 오래 동안 명상을 해온 사람은 대뇌의 기억을 담당하는 오른쪽 해마와 감정조절을 담당하는 안와전두피질 등의 크기가 보통 사람보다 더 크다고 합니다. 이처럼 명상은 집중력을 향상시킴으로써 두뇌의 기억능력과 논리적 사고력을 증진시켜 학업성적을 좋게 하고, 긍정적인 감정과 함께 자신감을 높이는 효과가 있습니다. 다만, 강요하기보다는 명상의 긍정적 효과를 이해할 수 있도록 하여 청소년이 자발적으로 명상에 참여하게 하는 것이 바람직할 것입니다.

참조 '만트라 명상'은 26번, '자애명상'은 24번, '호흡명상'은 22번의 답변을 참조하시면 도움이 됩니다.

055 심하게 갈등을 겪는 사람이 있을 때는?

얼굴도 보기 싫고 목소리조차 듣기 싫을 정도로 심하게 갈등을 겪고 있는 사람이 있어요. 일을 하다가도 갑자기 그 사람이 떠오르면서 화가 치밀어 오르는 일도 많습니다. 명상을 하다보면 이러한 분노도 편안하게 다스리고 없앨 수 있게 될까요?

갈등으로 인해 화가 치밀어 오르는 상태라면 단순히 마음을 고요하게 하는 것만으로는 분노에서 벗어나기 어렵습니다. 오히려 이럴 때는 잠시라도 화로부터 거리를 두는 것이 필요합니다. 이런 현상이 반복되면 명상을 통해 분노의 정서를 바꿔줄 필요가 있습니다. 이것은 자신의 현재 상황을 회피하려하지 않고 있는 그대로 받아들이면서 시작됩니다. 예를 들어, 어떤 사람과의 일이 자신의 희망대로 되리라 기대했는데 그것이 어긋나버리면 화가 나게 됩니다. 자신이 바라는 것이 있는데 그 기대치에 비해 결과가 미흡하면 흥분·상처·억울함·고통·두려움 등의 감정들이 일어나 화가 발생하는 원인이 됩니다. 일단 화가 일어나면 자신의 생각이 편협해지고 상대방과 타협할 여지를 없애버리며, 마침내 자신과 상대방에게 상처를 입힙니다. 또 자신을 자기의 좁은 속에만 가두어버리고 고립시키므로 대인관계에도 좋지 않은 결과를 초래할 수 있습니다. 이런 현상이 반복되면 명상을 통해서 자신의 정서를 객관적으로 살펴볼 필요가 있습니다.

이때 도움이 되는 명상은 제3자가 되어서 갈등상황에 있는 현상을 관찰하는 명상법입니다. 자기가 겪었던 좋지 않은 사람이나 여러 상황들을 떠올려 영화 보듯이 지켜봅니다. 즉, 상상 속에서 그 사람이 했던 좋지 않은 일, 자신을 화나게 했던 일을 자연스럽게 바라보는 것입니다. 이때 자신의 내적 반응을 살펴보면서 이를 어떻게 느끼고 마음이 어떻게 움직여 나가는지를 살펴봅니다. 경우에 따라 담담하기도 하고 뭔가 불편한 감정이 올라올 수 있습니다. 뭐가 불편한지를 계속 살펴보십시오. 이렇게 명상해가면 나중에는 그 사람이 어떻게 행동하든 마음이 많이 평온해지는 것을 경험할 수 있습니다.

또 다른 방법은 자기가 아는 어떤 사람이 상대방과 좋지 않은 사정으로 마음의 평정을 잃고 화가 치밀어 올라와 크게 분노하고 있는 모습을 상상하는 것입니다. 그 사람이 분노로 상대방을 혐오하는 모습을 상상하면서 그의 신체적 변화를 지켜봅니다. 분노가 일어나 어떻게 얼굴과 몸이 추하게 망가지는지를 살펴보면서, "나도 화내고 증오할 때 이와 같이 망가지겠구나."라는 것을 간접적으로 체험하는 명상입니다.

이러한 방식을 적극적으로 사용하는 명상프로그램이 수용전념치료로 잘 알려진, ACT입니다. ACT의 핵심 기제는 '수용'이라고 할 수 있는데, 수용이란 바로 '있는 그대로 바라보기'가 핵심입니다. '있는 그대로 바라보기'는 불교의 마음챙김[사띠] 명상을 통한 지혜의

계발을 말합니다. 이것은 자신의 판단이나 감정의 개입을 허용하지 않거나, 최소화 할 때 가능합니다. 이렇게 바라보기가 어느 정도 가능해진다면, 분노의 전후 맥락과 자신의 감정을 조절할 수 있게 될 것입니다.

이 때 자기 자신을 위해 '자애명상'을 통해 분노하는 자신을 보듬어 안아주는 것도 하나의 방법이 될 것입니다. 자신을 이해하고 받아들이게 되면, 자연스럽게 타인의 영역으로 확대될 수 있을 것입니다.

056 화를 참기 억울할 때는?

명상을 하면 화를 참아야 하는 건가요? 상대방이 잘못해서 화가 나는 건데 일방적으로 참고만 있기엔 억울해서 할 말은 해야 스트레스가 풀릴 것 같은데요. 말을 하지 말고 참아야 한다면 오히려 건강에 더 해로울 거 같네요.

화를 참기가 어려울 때 상대방에게 말을 하면 감정이 격해질 가능성이 가장 높습니다. 분노를 조절하기 어려울 때 상대방과 부딪히면 언어나 행동으로 폭발할 수 있으며, 결국 대인관계에 악영향을 미칩니다. 반대로 이를 참고 억누르면 스트레스가 되고 나아가 각종 만성질환의 원인이 되기도 합니다.

　　화가 나서 못 견딜 때는 우선 화가 나는 상황에서 벗어나는 것이 좋습니다. 이럴 때는 명상을 할 엄두가 나지 않기 때문에, 화가 난 상태를 알아차리고 크게 숨을 들이쉬었다가 내쉬기를 대여섯 차례 반복해 봅니다. 이후 가볍게 운동이나 산책을 하면 마음이 가라앉는 경우가 있습니다. 그런데 화나는 마음을 근본적으로 다스리지 못하면 언제든 다시 올라와서 분노하게 만듭니다. 이때 명상이 도움이 될 수 있는데, 명상을 통해 화나는 상황에서 분노를 조절할 수 있게 됩니다.

분노는 현재의 상황이 부당하고 억울하다고 여기는 데서 생깁니다. 이때 교감신경계가 흥분하여 심장박동 수는 늘어나고, 피부와 소화기 쪽의 동맥이 수축하여 혈압이 올라가며, 근육과 뇌, 심장 쪽으로 가는 혈액량이 증가됩니다. 심하면 동공이 확대되고, 수염과 털이 곤두서고 피부에서는 땀이 나기도 합니다. 마음이 조절되지 않을 때 생기는 이러한 부정적 현상들이 알게 모르게 심신을 망가뜨립니다.

사람들이 분노하거나 불안, 우울 같은 불쾌한 감정을 느낄 때 뇌는 편도체와 우측 전전두피질이 활성화된다고 알려져 있습니다. 반대로 낙천적이고 긍정적인 사고로 열정과 의욕에 차있을 때는 좌측 전전두피질이 활기를 띠게 된다는 겁니다. 그런데 똑같은 현상이 명상에서도 나타납니다. 다시 말해 명상을 하면 좌측 전전두엽의

기능이 활성화되면서 기분이 좋아지고 불안이나 우울감이 행복감으로 바뀐다는 과학적 연구 결과가 있습니다.

분노를 치유하는 명상법의 첫 단계는 "내가 화를 내고 있다는 사실을 안다"는 것입니다. 다만, 화나게 하는 대상에 대한 생각을 멈추고 내가 화나고 있으며, 이 분노는 나의 몸이 떨리고 심장을 두근거리게 하며 얼굴이 달아오르게 만들고 있다는 사실을 아는 것입니다. 곧 현재 일어나는 내 마음의 감각, 감정에 집중하여 있는 그대로 바라보고 느끼는 연습을 합니다. 이렇게 분노가 흘러가도록 바라볼 수 있으면 이번에는 분노를 억제하는 말이나 문장을 찾아내어 그걸 반복해서 외웁니다. 화가 일어날 때 어떠한 질책이나 대꾸도 하지 말고 짧은 금언·주문·기도문 중 하나를 선택해 계속 중얼거립니다. 그러면 차츰 화난 상태에서 벗어나 평정을 찾게 되어 관대해지고 포용력이 넓어지게 됩니다.

명상의 핵심은 온전한 알아차림을 통한 지혜의 계발입니다. 명상은 관찰자의 시각으로 한걸음 떨어져서 화를 일으킨 억울한 내면을 바라보게 하고, 이를 통해 조절할 수 있는 내면의 힘과 여유가 생기게 해 줍니다. 다시 말해 명상은 자신의 마음을 스스로 조절할 수 있는 능력을 키워줍니다.

사실 대상은 나의 의지대로 조절되지 않습니다. 욕을 하거나 말을 전해도 내가 원하는 대로 상대방이 쉽게 변하지 않을 것입니다. 말을 해도 변하지 않는 상대방을 보면 화만 더 커집니다. 그러니 조절되지 않는 대상을 통제하려 마시고 조절되는 자신의 마음을 통제해 보시는 것은 어떨까요? 이것이 명상의 시작입니다.

참조 '알아차림'은 5번의 답변을 참조하시면 도움이 됩니다.

057 불만이 많아서 힘들 때는?

시도 때도 없이 끓어오르는 불만 때문에 상당히 괴롭습니다. 명상으로 이런 문제가 개선될 수 있을까요? 어떤 명상을 하면 좋아질 수 있는지 알려주세요.

불만이 많아지면 먼저 자기 자신에 대해서도 불만족스럽게 느끼고, 다른 사람들이 나를 어떻게 생각할까 늘 사람들의 시선을 의식합니다. 타인이 나에게 조금이라도 서운하게 하거나 기분 상하게 하는 언행을 하면 스스로 억울해하면서 큰 수치를 당한 것처럼 싫어합니다.

일단 불만이 잦아지면 일상생활 전체에서 불만투성이가 되기 쉽습니다. 먼저, 불만이 일어나면 그 불만을 지켜보십시오. 어릴 적부터 생긴 감정의 뿌리가 수그러들지 않고 현재까지 짐이 되어 온 경우가 많습니다. 그 근원을 찾아보면 무언가 원했지만 자신이 원하던 만큼 이루어지지 않아서 생긴 욕망의 산물일 때가 많습니다. 이런 것들을 관찰해보면 과거의 이러한 마음들이 현재의 내 마음 속에 자리 잡은 것을 명확히 보게 됩니다. 불만의 뿌리가 되는 욕망·분노·근심·실망·수치심 등의 마음들을 적극적으로 응시하여 자신 속에서 관찰해 봅니다. 이와 같이 객관적인 자세로 불만을 알아차리면 지금의 자신을 있는 그대로 볼 수 있습니다. 그리고 마음속에 생긴 불만은 과거의 기억 또는 추억일 뿐으로, 현재의 사실이 아님을 알아차리는 것이 중요합니다. 명상은 이러한 자각 능력을 향상시켜 줍니다. 과거의 부정적 기억들 대신 자신의 호흡이나 느낌에 집중하게 되면, 불만에 초점이 맞추어져 있던 의식이 점차 현재의 나의 호흡이나 느낌으로 대체되면서 자연스럽게 불만이 느슨해지고 힘을 잃게 됩니다.

과거의 불만을 어느 정도 덜어버린 후에는 독감에서 치유된 뒤, 재발을 예방하듯이 평소에 불만을 일으키지 않는 생활 자세를 갖출 필요가 있습니다. 이 세상은 모든 것이 욕망으로 구성되어 있습니다. 인간은 끊임없이 욕망을 좇으며 살아가게 되어 있습니다. 그런데 그 욕망은 아무리 채우려 해도 만족되지 않습니다. 욕망이 충족될 수 없기 때문에 마음에서 불만을 일으키게 되고 불만은 우리가 평안한 삶을 살아갈 자유를 빼앗고 불쾌함을 만들어내게 됩니다. 이제 끝없는 욕망을 좇지 말고 매순간 경험하는 일에 대해 그 모두가 원인이 있어서 일어난다는 사실을 인정함으로써, 불만에서 긍정으로 긍정에서 포용으로 전환할 수 있습니다.

불교에서는 불만족을 괴로움[苦]이라고 부릅니다. 세상의 모든 것은 변하는데 변하지 않기를 바라기에 불만족스럽고, 불만족스러운 것이 나를 괴롭힌다는 것입니다. 실재하는 모든 것은 변합니다. 이 변화를 파악하는 명상을 위빠사나라고 부릅니다. 가까운 곳의 위빠사나 명상 과정에 참여해 보시는 것도 좋은 방법이 될 것 같습니다.

참조 '위빠사나'는 37번의 답변을 참조하시면 도움이 됩니다.

058 명상을 하면
잠을 잘 자게 되나요?

명상을 하면 깊은 잠을 자게 되어 개운하다고 하는데 이것도 명상의
효과인지 궁금하네요. 명상이 숙면에 도움이 되는 이유가 무엇일까
요?

명상을 하면 예전보다 빨리 잠들게 되고, 깊은 잠을 잘 수 있습니다.
'잠이 보약'이라는 말이 있듯이, 잠을 잘 자고 일어나면 몸과 마음이
가벼워져서 하루의 시작이 상쾌해집니다. 특히 잠자리에 누워서 잠
들지 못하고 뒤척이는 입면장애가 심한 경우에 도움이 됩니다. 잠자
기 전에 10분 정도 명상을 하면 깊은 숙면을 취할 수 있으며, 평소 기
억력도 좋아지고 공부에 대한 집중력이 높아집니다. 깊은 잠에 들기
어려운 사람들을 위해 숙면을 위한 명상 방법도 있습니다. 숙면에 좋
은 명상 음악이 시중에 많이 나와 있으므로 그 중 하나를 구입해서
잠들기 전 조용히 틀어놓는 것도 좋습니다.

　　숙면을 위한 명상법을 소개하면 다음과 같습니다.

　　첫째, 숨을 쉴 때 한 손은 가슴 위에 올리고 다른 한 손은 배

위에 자연스럽게 올려놓아 숨이 제대로 되는지 알아봅니다. 숨을 깊이 들이쉬고 내쉴 때 복부에 위치한 손이 가슴에 위치한 손보다 더 높이 올라가게 호흡하면 좋습니다.

둘째, 숨을 들이 쉬고 내쉴 때 숫자를 세어 갑니다. 숨을 쉴 때 숫자를 세는 것을 수식관數息觀이라고 합니다. 이때 숨은 자연스럽게 쉬면 됩니다. 의식적으로 길게 하거나 부드럽게 할 필요는 없습니다.

셋째, 숨이 코끝에서부터 시작하여 식도를 지나 허파로 들어오고 복부를 거쳐 온 몸으로 퍼져가는 것을 느낍니다. 들숨과 날숨이 몸을 통과하는 느낌에 집중하면서 숨 쉬는 숫자를 세어봅니다. 이렇게 반복해서 하다보면 저절로 깊은 수면으로 들어갈 것입니다. 혹은 수면에 바로 들지 않더라도 휴식을 취할 수 있습니다. 이때 몸과 마음에는 수면과 같은 편안함을 줍니다.

이처럼 명상을 통해 불면증을 해소할 수 있고, 매일 반복적으로 하다보면 불면증의 예방효과도 있습니다. 또 잠을 적게 자거나 깊이 들지 못해서 생기는 편두통을 예방하는 효과도 있습니다. 명상은 불면증을 개선시켜 그로 인한 스트레스를 줄임으로써 차분함과 안정을 되찾게 하기 때문에, 보다 나은 일상생활에 많은 도움이 될 것입니다. 명상이 이런 효과를 갖는 이유는 우리의 의식이 생각을 쫓아다니지 않게 하는 작용이 있기 때문입니다. 누워서 호흡에 집중을 하다보면, 자연스럽게 생각이 정리되며, 생각이 정리되면 머릿속은 단순해지고, 몸은 이완됩니다. 몸과 마음이 이완될 때, 우리는 깊은 숙면을 취하게 되는 것입니다.

참조 명상과 수면의 관계는 13번, 51번, 73번의 답변을 참조하시면 도움이 됩니다.

059 시험 볼 때 긴장이나 불안, 없앨 수 있나요?

평소에는 공부를 잘 하는 편인데 시험 때만 되면 불안하고 긴장돼서 막상 문제를 풀 때는 아무 생각이 나지 않고 제대로 실력 발휘를 못하게 되네요. 명상으로 시험 시작 직전의 엄청난 긴장을 풀 수 있나요?

각종 시험에 임할 때나 중요한 일이 있을 때, 마음의 불안과 초조감이 심해서 마음의 평정을 찾기 어려운 경우가 많습니다. 대부분의 사람들이 시험을 두려워하는 이유는 시험성적이 나왔을 때 받게 되는 미래에 대한 갖가지 부정적 생각입니다.

　　많은 수험생들은 시험 준비를 하지 못한 과거에 대해 후회하고, 동시에 시험 이후에 나타나는 미래의 결과에 대해 자신과 주변의 기대감으로 긴장하게 됩니다. 이러한 긴장감만 줄어들어도 평소의 실력을 발휘하는 데 도움이 될 것입니다. 가장 손쉬운 방법은 시험 직전에 공부를 보충하려 한 단어, 한 문장을 외우려하기 보다 현재의 순간을 자각하는 것입니다. 이럴 때에는 호흡명상을 하는 것이 도움이 될 수 있습니다. 시험 직전 5분 정도, 짧게는 1분이라도 눈을 감고 호흡을 세는 수식관을 하면 긴장감이 줄어들면서 시험부담에서 벗어나 좋은 성적이 나올 수도 있습니다.

호흡명상은 조금만 연습하면 누구나 긴장할 때 활용할 수 있는 요긴한 명상입니다. 호흡명상은 다음과 같이 합니다.

첫째, 단정한 자세로 앉아 등을 곧게 펴고 눈을 감습니다.

둘째, 숨을 들이쉬고 내쉴 때, 인중이나 코끝 주변에 집중하여 바람이 닿는 느낌에 마음을 둡니다.

셋째, 숨을 쉴 때는 다른 생각이 떠오르더라도 그냥 지나가게 놔두고 공기가 코로 들어오고 나가는 것에만 집중합니다. 집중을 위해 숨을 들이쉬고 내쉴 때 마음속으로 숫자를 세는 것도 좋습니다. 들숨을 쉬면서 '하나', 다시 들숨을 쉬면서 '둘' 하며 '다섯'까지 세고, '다섯' 이후에는 다시 '하나'부터 셉니다. 혹은 날숨을 쉬면서 '하나', 다시 날숨을 쉬면서 '둘' 하며 '다섯'까지 세고, '다섯' 이후에는 다시 '하나'부터 세기를 반복합니다. 들숨과 날숨 중에 자신에게 편안한 것에 숫자를 붙이고, 모두 불편하면 들숨과 날숨을 쉬고 난 후에 다시 들숨을 쉬기 이전에 '하나'하며 숫자를 세는 방법도 있습니다. 이때 마음은 숫자를 세는 것과 인중이나 코끝 주변에 바람이 닿는 느낌, 두 가지를 다 알고 있어야 합니다. 두 가지를 다 하기 위해 마음이 바빠야 불안한 생각이 일어나지 않습니다.

이러한 방법은 긴장하는 마음이 지속적으로 과거나 미래로 가는 것을 막고, 현재에 머무르기 위함입니다. 이와 같이 짧은 시간이라도 명상에 집중하다보면 불안하고 긴장하던 마음이 고요하고 편안해질 것입니다.

명상의 효과를 과학적으로 설명해보면, 명상하는 동안의 뇌파가 뇌의 모든 영역에서 활성화 되면서, 긴장·흥분·스트레스가 일어날 때 나오는 베타파β波가 이완·휴식 때 나오는 알파파로 바뀐다고 합니다. 뇌파가 바뀌면 우리의 기분이나 심리상태도 저절로 바뀌어 안정을 찾고, 집중력도 좋아질 수 있습니다.

뇌파 뇌파는 뇌신경 사이에 신호가 전달될 때 생기는 전기의 흐름으로 심신의 상태에 따라 다르게 나타난다. 알파파(α波)는 심신이 안정될 때의 뇌파로서 인간 뇌파의 대표적인 상태이다. 베타파(β波)는 불안이나 긴장 같이 스트레스 상황에서 발생한다. 세타파(θ波)나 델타파(δ波)는 수면시 발생하고, 감마파(γ波)는 깊은 명상 상태에서 나타난다.

집중을 필요로 하는 기록경기 운동선수입니다. 최근 골프선수들이
시합 전에 명상을 한다는 기사를 본 일이 있는데, 시합 전에 간단히
할 수 있는 명상법을 알려주세요.

명상의 가장 대표적인 효과로는 평정심을 찾게 하여 긴장감을 해소
시켜 준다는 것과 마음을 한 가지 대상에 집중시켜 집중력을 향상시
켜 준다는 것, 두 가지를 들 수 있습니다. 이런 명상 효과 때문인지 운
동선수 대부분이 명상을 통해서 정신적인 훈련을 한다고 합니다. 명
상을 함으로써 긴장되던 호흡이 정상으로 돌아오고, 혈압 또한 낮아
져서 정신적인 평온상태를 가질 수 있는 것이라고 합니다.

　　미국 농구팀 LA 레이커즈LA Lakers를 열한 번이나 NBA에 정
상에 올려놓은 필 잭슨 감독도 유명한 명상가로 알려져 있습니다. 그
는 독실한 기독교 집안에서 자라서 선사Zen Master라는 별명을 들을 정
도의 선 명상가이기도 합니다. 그는 선불교의 사상과 아메리칸 원주
민들의 사유를 빌려 명상과 접목한 독특한 훈련법으로 팀을 이끌었

다고 합니다. 우리나라의 박찬호 선수도 미국에서 야구 선수를 할 때, 잠자기 전에 늘 명상을 했다고 합니다. 그는 "명상을 통해 경기에 이기고 지는 것에 조금은 초월할 수 있었다. 명상이 없었으면 나는 아마 이 세상에 없을 수도 있었다."라고 했다고 합니다. 운동선수들에게서 명상이 얼마나 큰 영향을 주었는지 실감할 수 있는 말입니다.

운동선수에게 가장 중요한 것은 시합 때 평정심을 찾는 것입니다. 마음에 파장이 생기기 시작하면 신체의 신경과 상대방의 움직임에 '게임에서 이겨도 좋고 져도 할 수 없다'라는 배짱과 감정에 흔들림 없는 자세가 필요한데, 국제대회에서 경기 전에 선수들이 아무리 안정하려고 해도 쉽게 평온해지지 않습니다. 그래서 평정심과 집중력을 얻기 위해 명상을 중시하는 선수들이 있습니다. 그 대표 주자가 미국의 마이클 조던입니다. 조던은 시카고 불스 시절, 필 잭슨 감독으로부터 명상을 배웠는데, 농구대에 볼을 넣을 때마다 그가 발휘한 집중력은 그를 세기의 농구선수로 만들었습니다. 그래서 조던은 "명상은 마법 같은 경험"이라고 합니다.

다음과 같은 호흡명상이 마음의 평정심을 찾는 데 도움이 될 것입니다. 우선 가장 편안한 자세를 취하여 앉습니다. 척추를 바르게 펴고 턱을 당기고 눈은 반쯤 감고 편안한 표정으로 호흡을 느껴봅니다. 다음으로는 코로 들이쉬고 내쉬면서 들어온 숨이 기도를 통해 폐로 들어가는 과정을 느껴봅니다. 이때 숨의 세기와 신체의 움직임에 주의를 기울여 알아차립니다. 어깨·횡격막·배 등의 움직임을 계속 느끼고 알아차려봅니다. 잡념이나 망상이 떠오르면 그러함을 알고 다시 몸의 변화에 주의를 기울여 알아차립니다. 이 명상이 익숙해지면, 숨이 고르게 유지되면서 몸 안에서 모든 감각을 느끼고 몸과 마음과 호흡이 일치되어 나를 온전히 알아차리게 됩니다. 이때 억지로 숨을 길게 쉬려 하지 말고, 자연스럽게 하는 것이 중요합니다.

　위에서 설명한 호흡명상이 어렵다면 이미지명상도 도움이 될 수 있습니다. 편안하게 앉아 앞으로 운동경기에서 일어날 장면을 예측하고 연상하며 그 때의 위기와 대처방법을 머릿속에서 반복적으로 떠올려보는 것입니다. 다양한 경우를 미리 예상하여 반복적으로 떠올리면 우리 머릿속의 뇌는 이것이 실제인지 생각인지를 분명하게 구분하지 못하고, 다양한 운동장면을 미리 습득하게 됩니다. 비록 상상이지만 그러한 장면에 익숙해진 뇌는 실제의 운동경기를 진행함에도 긴장을 줄이고 몸으로 생각으로 습득한 능력을 발휘하는 데 영향을 줍니다.

참조 '호흡명상'은 22번의 답변을 참조하시면 도움이 됩니다.

061 체중조절도 될까요?

다이어트에 수차례 실패한 40대 주부입니다. 요즘에는 몸 여기저기에서 이상 신호들이 느껴지기도 하는데요……혹시 명상을 통해서 비만관리도 할 수 있을까요?

오늘날 비만문제는 범세계적이며 일반적인 문제가 되었습니다. 최근 우리나라도 사회경제적 여건이 좋아지면서 신체활동량의 감소, 식생활의 서구화 등으로 인해 비만 발생률이 점차 증가하고 있습니다. 일반적으로 비만은 체중이 적정수준보다 과다한 상태를 말하지만, 보다 정확하게는 체중과다overweight보다는 체지방과다overfat로 인한 체중초과상태를 말합니다. 비만은 당뇨병, 협심증, 심근경색, 뇌졸중과 같은 신체적 질병뿐 아니라 우울증이나 의욕상실 등과 같은 심리적 문제를 야기할 수 있습니다. 따라서 비만에 대해 많은 사람들이 관심을 가지고 있고, 그에 따라 다양한 비만치료 방법이 등장하고 발전하고 있습니다. 일반적인 비만치료방법으로는 식사요법·운동요법·행동수정요법·약물요법 및 수술요법 등이 알려져 있으나, 무엇보다도 비만을 조절하기 위해서는 스스로가 비만의 위험성과 치료의 필요성을 인식하고 적극적인 자기조절과 생활양식을 변화시키려는 의지가 필요합니다.

식사요법과 운동요법은 식단조절이나 운동을 통해 칼로리 감소를 가져오지만 장시간에 걸쳐 체중조절을 유지하기 어렵고, 비만의 근본 원인인 유전 요인, 내분비 질환에 의한 비만발생 등에는 대처하기 어렵습니다. 따라서 효과적인 비만관리를 위해서는 행동을 고치는 것 외에 생각을 고치는 인지적 접근이 필요합니다. 즉, 스트레스 대처훈련, 자존감 키우기, 부정적인 신체상에 대한 긍정적인 생각, 잘못된 식습관 고치기, 개개인에 맞는 재발방지 프로그램 등을 실행할 필요가 있습니다. 최근 인지행동치료의 한 방법으로 명상이 주목받고 있는데 명상은 자동적·무의식적·강박적·습관적인 과식을 통제하는 데 도움을 줍니다. 또한 자신의 문제를 회피하지 않고 거리를 두고 직면할 수 있게 해주어 체중감량뿐만 아니라 감소된 체중을 유지하는 데 효과적입니다. 특히 명상은 비만의 주요 원인인 스트레스를 효율적으로 관리함으로써 체중조절을 하게 합니다. 울적하거나, 화가 나거나 기분이 안 좋을 때 달콤한 것, 매콤한 것, 기름진 것 등 자극적인 것을 먹음으로써 해소하는 사람들이 많은데, 이때 명상을 통해 스트레스 받는 상황을 예방하거나 해소함으로써 과식으로 인한 비만을 치료하는 데 도움을 줄 수 있습니다. 체중조절을 하다보면 먹고 싶은 마음과 먹으면 안 된다는 마음이 충돌하는 경우가 생기고, 이때 잘못하면 먹는 것에 더 집착하게 되어 결과적으로 다이어트에 실패하게 되기도 합니다. 이럴 때도 적절한 명상을 함으로써 먹을 것에 대한 집착에서 벗어나 체중조절을 할 수 있을 것입니다.

　　　　명상방법으로는 음식의 섭취에 있어 적절함을 알아차리는 방법이 있습니다. 평소보다 천천히 먹으면서 음식의 색깔, 씹히는 소리, 음식의 내음, 맛, 질감 등을 하나씩 하나씩 찾아가며 알 수 있도록 시도해 봅니다. 밥 한 숟가락을 먹을 때도 평소보다 천천히 한술 뜨고 씹으면서 색깔, 씹히는 소리, 내음, 맛, 질감 등을 찾아봅니다. 밥이 들어왔을 때 입안에서 생기는 변화도 알아차릴 수 있도록 시도합니다. 목구멍으로 넘어갈 때의 느낌도 알아차릴 수 있도록 시도합니다. 국이나 반찬을 먹을 때도 마찬가지입니다. 빨리 먹고자 하는 욕구도 알아차리고 맛과 향을 즐기면서 천천히 먹기를 시도합니다. 동시에 더먹고 싶은 욕망도, 먹기 싫어하는 음식이 있음도, 맛이 없어 화가 나는 마음도 알아차립니다. 적어도 한 끼의 식사를 하는 데 20~30분의 시간을 잡으십시오. 더 길어도 좋습니다. 물론 시간이 늘어난다고 해서 음식의 양이 늘어서는 안 됩니다. 이 과정을 진행하면 포만감이 빨리 오기에 식사량을 줄일 수 있습니다. 천천히 먹으면 음식도 즐기고 양도 줄일 수 있습니다. 참고로 다이어트와 운동을 동시에 하는 것은 권하지 않습니다. 왜냐하면 평소에 안하던 것은 하나만 하는 것도 어렵기 때문입니다.

음식에 대한 집착이 강하다면 이미지명상도 가능합니다. 음식이 입 안으로 들어와 침과 섞이고, 위에 들어가 위산과 섞이며, 내 몸속에서 점차 변이 되어가는 과정을 생각합니다. 그 과정에서 장기 등을 거쳐 가는 과정을 생각하며 장기들의 모습도 연상합니다. 이 과정을 반복하면 몸과 음식의 혐오스러움을 이미지로 떠올릴 수 있고, 따라서 먹고자 하는 욕구를 줄이는 데 효과적입니다.

062 고혈압도 조절할 수 있어요?

저는 고혈압증상이 있습니다. 약을 먹고 있는데 주변에서 명상이 도움이 된다고 추천해 주었습니다. 어떤 명상을 하면 혈압을 낮추는 데 도움이 되는지요?

최근 질병관리본부가 발표한 자료[2]에 따르면 우리나라 만 30세 이상 성인 10명 중 3명이 고혈압 증상을 앓고 있다고 합니다. 흔하지만 무시하면 안 될 병이 바로 고혈압입니다. 고혈압의 원인과 증상을 알아보고 고혈압을 낮추는 방법을 소개하면 다음과 같습니다.

혈압 분류	수축기 혈압(mmHg)	이완기 혈압(mmHg)
정상	120 미만	80 미만
고혈압 전단계	120~139	80~89
1기 고혈압	140~159	90~99

2기 고혈압	160 이상	100 이상

고혈압이란 혈관 안을 순환하는 혈액의 압력이 높아진 상태를 말합니다. 혈관 안을 순환하는 혈액의 압력이 높아지면 혈관벽이 두꺼워지고 탄력이 떨어지며 상태가 지속되면 뇌졸중, 심부전증, 망막출혈 등의 합병증을 일으키게 됩니다. 유럽 심장 학회ESC와 유럽 고혈압 학회ESH 가이드라인에 제시된 혈압기준은 다음과 같습니다.

고혈압은 그 발생 원인에 따라 두 가지로 구분됩니다. 원인이 명확하지 않은 본태성고혈압1차성 고혈압, 기존에 환자가 앓고 있던 질환에 의해 고혈압이 발생하는 2차성 고혈압으로 나눠집니다. 대부분의 고혈압은 1차성 고혈압으로 그 원인은 다음과 같습니다.

고혈압 원인	비고
나이	나이가 증가할수록 고혈압 발생 위험이 증가
가족력	가족 중 고혈압 환자가 있으면 고혈압 발생 위험이 증가
체중	체중이 증가할수록 고혈압이 생길 가능성이 높아짐
염분	염분은 삼투압 작용에 의해 혈액의 양을 증가시키며, 혈액 양이 증가되면 혈압이 상승하게 됨
스트레스	스트레스를 받으면 혈압이 일시적으로 상승하게 되며, 과식이나 흡연, 음주로 스트레스를 풀 경우 오히려 혈압이 올라감

고혈압을 낮추는 방법으로는 체중감량, 금연, 금주, 염분섭취 제한, 규칙적인 생활, 적절한 운동 등이 있습니다. 운동 강도가 너무 세지 않은 유산소 운동을 매일 30분 이상씩 하면 체중을 줄이고 스트레스를 해소시켜 혈압을 낮춰줍니다. 고혈압 환자와 명상의 효과를 검토한 국내의 한 연구[3]에서는 고혈압환자 중 중년여성 18명을 대상으로 일주일에 1회90-100분씩, 8주 동안 마음챙김 명상을 실시한 후 혈압과 스트레스우울, 불안, 분노의 변화 추이를 살펴본 결과, 이완기 혈압과 스트레스가 감소했다는 결과를 내놓았습니다.

　　　고혈압 환자가 명상을 하면 부교감신경계의 활성화를 이끌어 스트레스 호르몬이 감소되고 심신의 이완감이 높아집니다. 또한 이완감으로 인해 고혈압 환자의 스트레스 관련 증상의 발생이 감소되는 것으로 보입니다. 명상과 여타 운동들 간 혈압과 스트레스 감소의 차이는 명확하게 상호 비교할 수 없지만, 일상생활에서 명상을 활용하게 되면 고혈압환자들의 혈압과 스트레스 감소에 일정한 역할을 한다고 할 수 있습니다.

　　　명상법으로는 호흡명상이나 걷기명상을 추천하고 싶습니다. 호흡명상은 신체의 움직임이 가장 최소화된 것이며, 호흡에 대한 주의집중으로 자연스럽게 심신의 긴장이 이완되는 데 탁월하기 때문입니다. 걷기명상은 운동효과뿐만 아니라 스트레스와 분노조절에도 긍정적인 효과를 줍니다.

참조 '호흡명상'은 22번, 79번, 84번, '걷기명상'은 35, 78번, 80번의 답변을 참조하시면 도움이 됩니다.

063 과민성 대장증후군,
해소될까요?

과민성 대장증후군으로 고생하고 있습니다. 병원에서는 특별한 원인
이 없는 신경성이라고 하는데, 명상으로 화장실 문제를 해결할 수 있
을까요?

과민성대장증후군Irritable Bowel Syndrome은 뚜렷한 기질적 이상이 없는
만성적인 기능성 위장관 장애로서, 변의 빈도나 경도굳기의 변화와 함
께 시작되는 복통이나 복부의 불편감이 주된 특징이며, 배변 활동에
의해 경감되는 특징이 있습니다.

　　　과민성대장증후군은 질병유무가 확실치 않고, 병원에 잘 가
지 않는 사람들이 많아서 얼마나 앓고 있고 얼마나 발생하는지에 대
한 정확한 통계자료는 없지만, 전 인구의 8~20%가 평생 한번은 과민
성대장증후군을 앓는다고 합니다. 대부분 젊었을 때부터 시작되어
증상이 좋아졌다 나빠졌다 하기를 수개월에서 수년 동안 반복하므로
대부분의 환자들은 자신의 증상에 익숙해져서 일상으로 받아들여 포
기하듯 생활하는 경우도 많다고 합니다.

과민성대장증후군은 그 발생과 진행과정에 있어 정서적인 변화와 관련을 보이는 소화기 증상으로서 신경성 질환의 일종이라고 여겨지고 있습니다. 이러한 인식 하에 과민성대장증후군과 성격적 특징의 관련성을 밝히려는 시도들이 있어왔고, 과민성대장증후군 환자들을 대상으로 다양한 심리치료_{단기정신분석치료, 인지치료, 인지행동치료, 최면치료, 이완훈련, 바이오피드백, 주장훈련 등}를 적용한 연구들이 수행되어 왔습니다. 이들 연구결과에 의하면 심리치료가 정규적인 의학적 치료보다 효과가 우수하다고 합니다. 특히 블랜차드와 그린_{Blanchard & Greene, 1994[4]}은 인지 치료가 과민성대장증후군_{IBS} 환자에게 나타나는 자기·세계 및 미래에 대한 왜곡된 해석, 자동적 인지_{autonomic cognition}를 변화시키는 치료 효과를 가져와서 궁극적으로 위장관 증상을 감소시킬 가능성이 있다고 주장하였습니다.

한편 장 기능과 자율신경계의 기능적 연관성을 치료적 근거로 하여 다양한 심리치료들에서 이완치료가 널리 응용되어 왔는데, 그 중 하나가 명상을 적용한 치료입니다.

국내외 연구^[5]에 따르면 이완명상 프로그램_{RRM, 벤슨식 명상}이 과민성대장증후군에 치료효과가 있다고 합니다. 여자중학생 12명을 대상으로 2주 동안 호흡명상을 실시한 후 과민성대장증후군 증상에 대한 변화 추이를 살펴보았는데, 호흡명상을 실시한 후 복통, 복부민감, 변비 등과 같은 과민성대장증후군의 주요 증상들이 완화되는 치료적 효과가 보고되었습니다. 이는 호흡명상을 통해 호흡에 집중하고 떠오르는 잡념들을 바라봄으로써 심리적 이완감뿐 아니라 복통, 변비, 설사 등 주요 과민성대장증후군 증상들에 대한 통제가 가능했

인지치료 인지치료는 1960년대 미국 정신과의사인 아론 벡에 의해 개발된 치료법으로 정신적 고통의 배후에 있는 왜곡되고 부적응적인 생각을 찾아서 검토하고 수정함으로써 정신적 괴로움에서 벗어나도록 한다.

기 때문입니다.

　　과민성대장증후군의 주요 증상은 생활 중에 느끼는 경우가 많기 때문에 주의의 대상을 한정하는 명상이 보다 적합하다고 합니다. 그 예로 과민성대장증후군의 통증상황에서 호흡명상을 통해 호흡에 집중함으로써 주의 전환 효과를 가져올 수 있습니다. 이는 통증의 감소뿐 아니라 증상에 대한 스스로의 통제감을 높일 수 있을 것입니다. 명상을 규칙적으로 하게 되면 증세가 나타날 때와 같이 자신이 꼭 필요할 때 할 수 있기 때문에 도움이 됩니다.

참조 '호흡명상'은 22번, 79번, 84번의 답변을 참조하시면 도움이 됩니다.

064 임신부도 명상해도 될까요?

임신을 한 30세 여성입니다. 임신 중에 명상을 해도 괜찮은지, 그리고 명상이 태교에도 도움이 되는지 궁금합니다. 그리고 혹 피해야 할 명상이 있다면 그것도 알고 싶습니다.

태교는 임신부가 태아에게 좋은 영향을 주기 위하여 마음가짐과 행동을 조심하는 것으로서 평소 마음, 언행, 감정 등을 정화시키는 행위라고 할 수 있습니다. 또한 태교란 임신 전, 수태시, 임신 후 전 기간을 통하여 자신은 물론 주변 사람들 모두가 앞으로 태어날 태아를 위해 교육적 노력을 기울이고 환경을 조성하는 등의 모든 활동을 말합니다.

여성에게 임신은 여러 신체적 변화뿐 아니라 정신적, 심리적, 사회적, 경제적 스트레스를 가져오는 경험입니다. 임신부는 갑작스럽게 신체적 변화를 경험하며, 임신으로 인한 심리적인 갈등으로 인해 정서적 불안정 상태를 경험하게 됩니다. 임신 중 태아에게는 엄마의 자궁이 선천적인 환경이며 출생 이후의 발달에까지 영향을 미치게 됩니다. 따라서 임신부의 정서적 불안상태를 안정시키고 동시에 태아에 대한 정성과 애정을 어떻게 증진시키는지가 태교의 요체라 할 수 있습니다.

임신부는 긴장, 불안, 모성정체성 등 복잡한 심리적 상태를 경험하는 것으로 알려져 있습니다. 특히 임신 중 우울증을 유발시키는 요인으로는 원하지 않은 임신을 했거나, 임신을 원했더라도 입덧이 심한 경우, 혹은 태아 기형, 아기 성별, 양육문제, 태아에 대한 애착 결여, 또는 분만에 대한 두려움 등등이 있는 것으로 알려져 있습니다.

그러면 임신부에게 명상을 활용한 태교를 하였을 경우 어떠한 효과가 있을까요?

명상의 특징 중 하나는 자신의 감정에 끌려 다니지 않고 그 감정을 있는 그대로 바라보면서 오로지 현재에 집중하는 것입니다. 임신부는 자신과 태아에 대한 여러 가지 생각들이 많고, 주변 환경과 주위 상황들에 민감하게 반응하므로 마음속이 복잡해지기 쉽습니다. 따라서 임신부는 일상생활의 행동과 마음가짐에서 안정을 유지하기가 쉽지 않습니다.

이 때 태내에 있는 아기와 임신부 자신이 무엇을 하고 있는지를 알아차리고 그것에 집중하는 명상을 시도해볼 수 있습니다. 이를 통해 마음이 편안해지고 정신적인 안정이 유지될 수 있습니다. 또한 태아사랑과 모성역할에 대한 통찰을 통해 분만과 육아에 대한 두려움과 불안감을 해소시킬 수 있습니다.

국내의 한 연구[6]에서는 6주 동안 1회에 90분씩 12회에 걸쳐 14명의 임신부를 대상으로 명상과 미술활동을 활용한 태교 프로그램이 임신부 정서에 미치는 효과를 연구한 적이 있습니다. 연구결과에 따르면 명상과 미술활동을 활용한 태교 프로그램을 경험한 집단이 경험하지 않은 집단에 비해 여러 불안들이 크게 감소하는 효과가 있다고 합니다.

자애명상도 도움이 될 수 있습니다. 산모와 태아, 그리고 예비 아빠를 대상으로 한 자애명상은 산모의 마음을 부드럽고 안정되게 하며, 사랑으로 충만되게 합니다. 그렇기에 태아 역시 최상의 환경 속에서 자라나게 될 것입니다.

딱히 피해야 할 명상법은 없지만, 명상 중에 몸과 마음이 왠지 불편하다면 명상을 지속하지 말고 전문가와 상담하는 것이 좋을 것입니다.

065 두통을 줄일 수 있나요?

머리가 너무 아파서 일상생활하기가 힘듭니다. 예전엔 두통약을 먹으면 괜찮아졌는데 이젠 두통약을 먹어도 약 효과가 그다지 크지 않습니다. 명상이 두통증상을 완화하거나 예방하는 데 도움이 될까요?

현대사회가 급격히 발전하면서 다양한 심리적·사회적 스트레스가 증가하면서 두통, 불면증, 고혈압과 같은 스트레스 관련 질환이 급증하고 있습니다. 그 중 두통은 외상과 같은 신경생리학적인 원인뿐 아니라 심리적인 스트레스 경험과 같은 정서 상태에 따라서도 영향을 받는 질환입니다. 현대인에게 두통은 너무나 일상적이고 흔한 증상으로 여겨지기 때문에 두통의 근본 원인이 쉽게 무시되는 경우가 많아 만성화되는 특징이 있습니다.

두통에는 다양한 원인이 있습니다. 특히 뇌에 기질적 병변 없이 신경을 많이 쓰거나 스트레스를 심하게 받는 경우에 나타나는 두통은 집중력을 떨어뜨리거나 불면증을 가져오며, 과도하게 신경이 예민해지는 등 다양한 증상을 유발합니다. 심한 경우 대인기피증, 우울증 같은 정서 장애를 동반하기도 하고 간혹 메스꺼움을 느끼는 현상을 보이기도 합니다.

두통 예방에는 긴장을 풀어줄 수 있는 가벼운 산책과 운동이 도움이 된다고 알려져 있는데, 최근 들어 명상이 두통을 관리하고 예방하는 데 효과적이라는 연구 결과가 나오고 있습니다.

두통을 겪는 사람들은 두통이 생기면 스스로 대처할 수 있는 일이 없다고 여기거나 두통의 원인이 되는 스트레스를 조절할 수 있는 방법이 없다고 여깁니다. 특히 만성두통인 경우는 두통을 조절하기 위한 노력이나 두통을 있는 그대로 지켜볼 힘이 없기 때문에 체념하는 경우가 많습니다. 명상은 어떤 변화를 위한 노력이나 기대 없이 자신의 상황을 있는 그대로 느끼고 알아차림으로써 자신의 고통을 수용하게끔 도울 수 있습니다. 즉, 두통으로 인해 생겨나는 여러 가지 감각들을 있는 그대로 알아차리고 받아들이게 되어 자신의 두통을 어느 정도 통제할 수 있다는 자신감이 증가됩니다.

또한 명상은 명상 중 일어나는 다양한 변화들을 또렷이 깨어서 바라보고 인정하는 과정들을 통해 주의집중력을 향상시킵니다. 명상을 통해 강화된 주의집중력은 스트레스의 악순환을 방지해주며, 스트레스의 원인에 대한 통찰력을 강화시켜 두통 자체의 감소뿐 아니라 통증을 일으키는 스트레스 상황에 대한 통제감을 갖도록 하여 두통에 효과적으로 대처하도록 도움을 줄 수 있습니다.

국내의 한 연구[7]에서는 교사 12명을 대상으로 각각 마음챙김 명상을 하는 그룹 6명과 하지 않는 그룹 6명을 비교하여 명상의 효과성을 검증하였습니다. 명상 그룹은 하지 않는 그룹에 비해 두통에 대한 자기효능감이 증가하였고, 두통의 강도와 스트레스가 감소되었다고 합니다. 또한 부정적 정서와 우울의 감소도 뚜렷이 나타나서 마음챙김 명상이 두통을 겪는 교사들의 심리적 안정을 도울 수 있으며 두통의 치료기법으로 사용될 수 있음을 보여주었습니다.

이러한 연구 결과를 활용해서 두통이 있다고 무조건 약을 복용하는 것보다는, 명상을 통해 두통의 완화 내지는 근본적 치료에 접근하는 것이 어떨까 싶습니다. 그러나 두통이 신체적 문제에 기인할 수도 있으니, 병원에서 정확한 진단을 거쳐 신체적 이상이 없다면 명상을 통해 두통을 예방하는 것이 좋을 것입니다.

참조 '마음챙김' 및 '마음챙김 명상'은 8번의 답변을 참조하시면 도움이 됩니다.

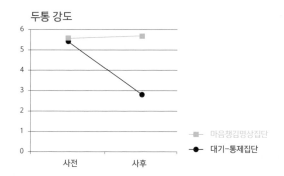

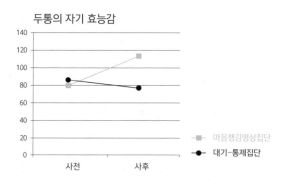

066 중증 질환에도 도움이 되나요?

중증 질환으로 투병중인 80세 남성입니다. 명상을 해 본 적이 없는데, 명상이 도움된다는 이야기를 들었습니다. 명상을 하면 정말 병이 치유되거나 고통이 완화되나요?

인간의 평균수명이 늘어나면서 노년기에 중증 질환으로 고통 받는 분들이 점차 늘어나고 있습니다. 일례로, 2013년 우리나라의 암에 의한 사망자는 총 75,334명으로 전체사망자의 28.3%로 국내 사망원인 1위로 나타나고 있습니다.[8)]

　　암환자들은 투병하는 기간 내내 암에 대한 스트레스와 여타 심리적 문제들로 고통을 받습니다. 암환자가 경험하는 고통 중 가장 힘들어하는 것은 통증입니다. 암환자의 통증 원인은 65~70% 정도가 주로 암 자체의 진행과 관련되어 있고, 10% 정도는 수술, 검사, 약물 치료, 방사선치료와 관련이 있으며, 그밖에 암과 직접 관계없는 근막 통증, 어깨 통증, 관절통, 요통, 변비에 의한 통증 등이 발생합니다. 그리고 불면, 불안, 피로, 공포, 권태, 고독감, 우울, 분노, 경제적 부담, 사회적 지위상실, 죽음에 대한 두려움 등이 통증을 가중시키는 요인이라고 합니다.

특히 불안은 암환자에게서 나타나는 가장 공통적인 정서로, 불안 때문에 통증이 악화되고 우울로 인해 더욱 촉진됩니다. 불안은 환자의 통증 감내력을 낮추고 통증 반응을 크게 증가시키는 것으로 알려져 있습니다. 따라서 환자의 불안 강도가 커질수록 통증도 증가할 것입니다.

이러한 맥락에서 중증 질환자들의 심리적 안정과 삶의 질 향상을 위한 연구가 이뤄져 왔는데, 외국의 한 연구[9]에 따르면 외래 치료 중인 63명의 암환자를 대상으로 MBSR을 적용한 결과 불안·우울·분노를 비롯하여 수면장애·스트레스·기분 장애·피로 등이 개선되었다고 합니다.

국내의 경우[10] 요양 중인 암환자 15명을 대상으로 마음챙김 명상을 8주 동안 8회 실시한 결과 명상에 참여하지 않은 환자에 비해 불안과 고통이 감소하는 것으로 나타났습니다.

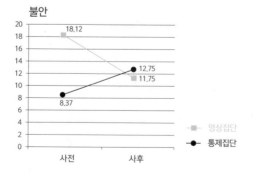

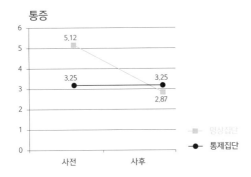

통증

	5.12	
3.25		3.25
		2.87

■ 명상집단
● 통제집단

사전   사후

　또한 국내의 한 병원에서는 최근 유방암 수술 후 방사선 치료를 받고 있는 환자 51명에게 6주 동안 총 12회의 명상요법을 시행한 결과, 명상에 참여하지 않은 환자 51명에 비해 불안, 피로감이 감소하고 삶의 질이 향상되었다고 보고하고 있습니다.[1]

　명상이 중증 질환자의 심리적 안정과 삶의 질을 높여주는 것은 확실하지만, 환자의 통증을 직접적으로 완화시키거나 치유하지는 못합니다. 명상을 통해 자신의 치유에 대해 긍정적으로 생각하고, 치유의 한계상황 또한 자연스럽게 받아들일 수 있게 된다면, 그것만으로도 명상은 충분한 의미가 있을 것입니다. 한 명상센터에 말기암 환자가 찾아왔을 때, 그 센터의 명상 지도자는 이렇게 말했다고 합니다.

　"삶은 소중한 것입니다. 자신을 치유하기 위해 할 수 있는 모든 것을 해야 합니다. 치유 기도문도 여러 가지 있고, 치유 명상도 여러 가지 있습니다. 그리고 마지막에 가서 나을 수 없다는 게 아주 분명해지면 그 때 죽음을 맞이하는 연습을 시작하면 됩니다."

　이 환자는 이후 몇 년을 더 살았다고 합니다.

067 아토피 피부염에
도움 될까요?

아이들이 아토피 피부염으로 고생을 하고 있습니다. 가려움을 참지
못해 긁어대면 피가 나는 경우도 있을 정도입니다. 이런 경우에도 명
상을 하면 도움이 되나요?

아토피 피부염은 피부에 발생하는 만성 알레르기 질환입니다. 염증
이 생기면 빨갛게 발진이 생기며 심한 가려움증이 나타납니다. 가려
움증으로 인해 자주 긁게 되어 피부가 손상되면 염증이 악화되고 가
려움증도 더욱 심해지는 악순환이 일어납니다.

발병 요인	
유전적 요인	가족 중에 천식, 비염 등 알레르기 질환이 있는 경우 아토피 피부염이 발생할 가능성이 높다
환경적 요인	피부자극 유발물질과 공기 중의 알레르겐, 음식, 미생물, 스트레스 등

아토피 피부염의 발병 원인은 명확하게 밝혀져 있지는 않지만 유전적, 환경적 요인뿐 아니라 면역학적 반응, 피부 보호막 이상 등 여러 원인들이 작용하는 것으로 보고 있습니다.

이 중 스트레스 등 심리적 요인 중심으로 아토피 피부염에 대한 연구가 이뤄지고 있습니다. 연구에 의하면, 신체증상과 심리적인 요소의 상호관계에 있어 아토피 피부염이 일차 원인이 되어 신체적 이상이 일어날 수 있고, 정서적 스트레스와 동반된 우울이나 불안이 이차적으로 아토피 피부염을 유발하는 위험요인이 될 수 있다고 설명하고 있습니다.

아토피 환자들은 아토피 피부염의 대표적인 증상인 가려움증[소양瘙痒]에 대해 두려워하거나 이로 인한 부가적 스트레스에 저항하는 태도를 보이는 경우가 많습니다. 가려움증을 해소하기 위해 자신도 모르는 사이 긁는 행동을 하였을 때 스스로 통제하는 데 실패했

그대로 바라보기 우리는 세상과 상호작용을 하면서 살아왔으며, 그 결과 끊임 없이 자극과 반응에 대한 체계 속에서 생존한다. 몸에 가려운 곳이 있으면 이에 대한 신체적, 정신적 반응이 자동적으로 뒤따른다. 그대로 바라본다는 것은 어떤 자극에 대해 즉각적인 개입 없이 흘러보내는 것이며, 수용을 통해 자동적 반응의 악순환에서 벗어날 수 있게 된다.

다고 느끼면서 죄책감, 무력감 등을 나타냅니다. 또한 주로 노출된 부위에 증상이 발현되는 경우 타인의 시선을 의식하거나 그로 인해 여러 가지 부정적인 사고를 하는 경향이 있습니다.

이런 심리적 스트레스는 가려움 → 긁기 → 가려움의 악순환의 고리로 연결되는 과정이 됩니다. 그러나 명상을 하게 되면, 있는 그대로 바라보게 됨으로써 있는 그대로의 경험을 할 수 있고 아울러 자기 자신의 인식의 틀 자체를 객관적으로 볼 수 있게 됩니다. 이를 통해 증상으로 인한 심리적 고통에 저항하기 보다는 제3자가 되어 객관적인 시각으로 바라봄으로써 자신의 통증과 증상으로 인해 생겨나는 스트레스를 관찰할 수 있습니다. 이는 생각, 욕구, 신체적 느낌 등 그 순간 자신의 마음에서 무엇이 흘러가고 있는지를 그대로 바라봄으로써 역설적이게도 통제하려 하지 않지만 통제감을 느끼는 심리적 수용이 이뤄지게 합니다. 따라서 명상은 심리적 수용을 증진시켜 증상과 스트레스의 악순환 고리를 끊어준다고 할 수 있습니다.

명상을 통해 가려움증을 관찰하는 능력을 높이고, 가려움에 의해 생기는 정서적 느낌을 알아차리고 수용함으로써, 과도한 정서적 반응 없이도 가려움증을 바라 볼 수 있게 되어 민감하게 반응하는 정도가 점차 줄어들게 됩니다. 또한 스스로 만들어내는 이차적인 사고들이 자신을 더 괴롭게 하는 경우가 많은데 이러한 부정적 사고에 더 이상 휘둘리지 않게 됨으로써 심리적 고통이 경감될 수 있습니다.

068 허리 아픈 데 효과 있나요?

하루의 대부분을 컴퓨터 앞에서 일하고 있습니다. 허리와 어깨가 아파서 병원에 갔는데 검사에서는 특별한 이상이 없다고 하네요. 이런 경우에도 명상이 효과가 있나요?

요통이나 어깨 결림은 보통 단순 반복 작업에 따라 허리, 목, 어깨, 팔다리에 통증이 생기는 것을 말합니다. 오랜 시간에 걸쳐 반복적인 작업을 지속하면 근육, 혈관, 관절, 신경 등에 미세한 손상이 생기고 이것이 누적되면 손가락, 손목, 어깨, 목, 허리 등에 만성적인 통증이나 감각 이상으로까지 발전될 수 있는 대표적인 직업성 질환입니다. 용접, 조립, 운송, 컴퓨터, 사무, 설계직 등에서 주로 발생합니다. 가벼운 근육피로가 제때 풀리지 않고 오래 누적되면 어느 순간 발생할 수 있는데 대부분 통증과 감각이상 등이 느껴집니다. 오랫동안 컴퓨터 작업을 하게 되면 나타날 수 있는 영상표시단말기VDT 증후군도 이 질환에 속합니다.

　　근골격계 통증은 실제적인 신체 손상이나 별다른 질병이 없이 생기기도 합니다. 즉, 구조적 기능 이상 없이 심리적인 원인에 의해 발생하기도 합니다. 특히 만성통증으로 인한 기능적 손상과 심리적 불편감은 신체조직의 손상 정도와 일치하지 않습니다. 따라서 개인의 심리적인 상태에 따라 통증이 유발되거나 악화될 수 있습니다. 특히 심리적으로 불안해지면 생각에 대한 통제력이 상실되기 때문에 환자는 통증을 더욱 크게 느낄 수 있습니다. 불안은 사람들로 하여금 직접적으로 부적응 반응을 일으키는 것이 아니라, 그 상황을 어떻게 받아들이고 평가하고 대처하느냐에 따라 적응 양상이 달라집니다. 따라서 통증은 여러 가지 생리적인 원인이 있을 수도 있지만 다른 한편으로 심리적인 원인이 통증을 유발하기도 하고, 통증이 다시 심리적인 문제를 야기할 수도 있습니다. 그러므로 근골격계 통증은 실제적인 신체 조직의 손상 없다는 것을 전제하였을 때, 심적 부담감에서 나타나는 근육의 긴장이 장기간 본인도 모르게 지속되어 나타날 수 있습니다.

따라서 장시간 컴퓨터를 하게 되면 자세의 문제, 업무 스트레스 등 여러 심리적인 문제로 인해 근육의 긴장과 관련된 통증이 나타날 수 있습니다. 이처럼 직장인들의 근골격계 통증을 완화하는 데 명상이 어떠한 역할을 할 수 있을지 생각해 보면 다음과 같습니다.

명상은 통증에 대해 피하거나 통제하려는 시도를 하지 않고 통증 그 자체로서 경험하고 알아차림으로써, 통증을 바라보고 통증을 관찰하는 것입니다. 이것은 통증에 대한 우리의 태도를 변화시키는 것입니다. 이로써 실제 통증이 완전히 사라지지는 않지만 통증 자체에 대한 적극적 탐색을 통해 통증이 완화될 수 있습니다.

주기적으로 명상을 하게 되면 통증 완화뿐 아니라 업무 능력 향상에 큰 도움을 줄 것입니다. 명상을 통해 집중력이 개선됨으로써 일을 효율적으로 처리하고, 스트레스를 줄이며, 대인관계도 좋아질 수 있습니다. 또한 주변 사람들에 대해 감정에 구애받지 않는 객관적인 태도를 지닐 수 있게 됩니다. 명상은 특별한 도구나 특정한 시간, 장소에 구애 받지 않고 오로지 자기 자신의 의지만 있다면 간편하게 어디에서든 수행할 수 있습니다. 물론 근무할 때 자세도 중요합니다. 의자에 바른 자세로 앉아 일을 해야 나쁜 자세로 인한 통증을 줄일 수 있으며, 자신의 자세가 바르지 않다는 알아차림을 수시로 하고 이를 통해 올바른 자세를 유지한다면 허리나 어깨 통증을 미연에 예방할 수 있습니다. 업무 도중에 틈틈이 허리와 어깨의 감각에 주의를 기울여서 굳어져 있거나 뭉쳐 있지는 않은지 살펴보고, 짧게나마 이완명상을 시도해보는 것도 허리나 어깨 통증 예방에 도움이 될 것입니다.

참조 '알아차림'은 5번, '이완명상'은 23번의 답변을 참조하시면 도움이 됩니다.

069 공격적인 성향도 조절될까요?

저희 아들은 공격적인 성향이 강해서 학교에서 친구들과 자주 싸웁니다. 명상이 마음을 안정시키는 데 도움 된다고 하던데, 공격적인 성향을 줄이는 데도 명상이 도움 되나요?

공격성은 본래 인간의 생존과 직결된 중요한 본능입니다. 기본적으로 인간은 위기에 처하면 뇌에서 투쟁-도피fight-flight response 반응이 일어나 두려움의 대상을 공격하거나 피하게 되는 선천적인 반응체계를 갖추고 있습니다.

최근 들어 공격성이 과도하거나 잘못 표출되어 사회전반에 걸쳐 많은 문제가 되고 있습니다. 공격성과 분노표출로 인해 각종 사건들이 발생되고 있는데, 그 중 상당수가 아동의 공격성과 관련된 사건들입니다. 2012년 교육부의 학교폭력 조사 결과에 의하면 언어폭력이 1만 6057건, 집단 따돌림이 8355건, 신체폭행이 5080건, 강제추행이나 성폭력이 1041건에 이르는 것으로 나타났습니다.[12] 또한 2012년 서울특별시 청소년상담복지센터의 조사결과에서는 공격, 충동성,

부주의 문제가 있는 학생이 44.8%에 이를 정도입니다.[13] 이처럼 청소년의 공격적이고 충동적인 성향을 어떻게 다룰 것인지 가정과 학교 및 전 사회 각 계층의 우려가 높아지고 있으며, 공격성을 줄이는 데 효과적인 방법을 적극적으로 모색할 필요가 있습니다.

　　그래서 최근에는 부정적인 정서를 가라앉히고 자기수행을 통해서 성숙에 이르게 하는 방법으로 명상이 주목받고 있습니다. 특히 마음챙김 명상은 자기 마음의 내부를 깊게 들여다보고 자기를 탐구하여 스스로를 있는 그대로 받아들이고 이해하기 위한 명상법의 하나입니다. 사람들은 늘 목적을 가지고 무엇인가를 이루려고 하는데 이를 '행동방식doing mode'이라고 합니다. 이 행동방식에서 벗어나 순간순간을 있는 그대로 체험하는 것을 '존재방식being mode'이라고 합

존재방식(being mode)
우리가 지나치게 목적지향적인 행위에 익숙해져서 명상을 하는 경우조차 뭔가를 이루려고 한다. 이러한 행동방식(doing mode)에서 벗어나 존재방식(being mode)이라 즉 그대로 순간순간 자기의 존재를 체험하고자 하는 것을 말한다.

니다. 존재방식이란 모든 상황을 판단 없이 관찰하고 수용하는 태도를 가지려는 방식이며 이는 훈련을 통해 가능합니다.[14]

판단이나 해석 없이 의식의 범위 안에서 일어나는 모든 생각과 감각에 주의를 기울이고 이러한 생각이나 감각이 일어날 때 단순히 그것을 알아차릴 것을 강조하기 때문에 그 결과 명상을 하고 있는 사람은 자신의 습관과 왜곡된 사고들을 명상 도중에 자각할 수 있게 됩니다. 결국 공격적 성향을 유발하는 사건에 직면했을 때 본인의 평소 습관을 자각함으로써, 자신과 사건을 동일시하는 대신 양자를 분리할 수 있는 능력을 키울 수 있게 됩니다. 그 결과 감정과 생각이 악순환에 빠지거나 더 확대되지 않게 되며 공격성 역시 효과적으로 감소될 수 있는 것입니다.

국내의 한 연구[15]에서는 대학생 77명을 대상으로 6주간 총 6회기에 걸쳐 한국형 마음챙김에 기반한 스트레스 감소 프로그램 K-MBSR 프로그램을 적용한 후 공격성 감소 효과를 살펴보았습니다. K-MBSR 프로그램에 참여한 집단이 프로그램에 참여하지 않은 집단에 비해 공격성과 공격성의 하위 요인신체적공격성, 언어적 공격성, 분노감, 적대감이 모두 낮아졌다고 합니다. 명상 또는 명상에 기반한 심리치료 프로그램이 공격성 감소에 효과적이라는 것을 알 수 있습니다.

단, 자녀에게 명상을 강요하게 된다면 오히려 공격적 성향을 더욱 부추길 수 있으므로 명상의 긍정적 효과를 이해할 수 있도록 하여 자발적으로 명상에 참여하게 하는 과정이 필요할 것입니다.

070 스마트폰 중독에서
벗어날 수 있나요?

스마트폰이 잠시라도 없으면 불안하고, 밥을 먹거나 길을 걸을 때도
스마트폰을 사용하고 있는 나 자신을 보면서 스마트폰 사용시간을
줄여보겠다고 마음먹은 적도 있지만 실천하기가 어렵습니다. 명상이
이런 경우에도 도움이 되나요?

스마트폰이 일상생활에 널리 사용되면서 그로 인해 다양한 문제가
발생하고 있습니다. 그 중 하나가 스마트폰의 중독적 사용입니다. 스
마트폰 중독은 스마트폰의 과다사용으로 금단, 내성을 지니고, 이로
인해 일상생활 장애가 유발되는 상태라고 할 수 있습니다.[16] 2013년
미래창조과학부에서 실시한 스마트폰 중독 실태조사에 의하면 '스마
트폰 중독위험군' 비율은 청소년 및 성인 스마트폰 이용자의 11.8%로
2012년 대비 0.7%, 2011년 대비 3.4% 증가하고 있는 것으로 나타났습
니다.[17]

　　　　스마트 미디어가 업무를 포함해 생활 전반에서 쓰이고 있는
상황이기 때문에 사람들이 스마트폰을 많이 사용하는 것이 문제라고
볼 수는 없습니다. 따라서 스마트폰의 중독적 사용에 따른 문제를 이

해하기 위해서는 사용자가 스스로 스마트폰 사용을 통제하지 못함으로써 일상생활에서 어려움을 겪는 것에 주목할 필요가 있습니다.

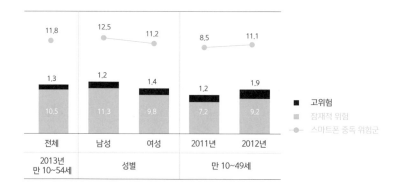

스마트폰을 스스로 조절하지 못하고 과도하게 사용하게 되면, 신체 건강과 정신 건강에 문제를 유발할 수 있습니다. 장시간 스마트폰을 사용하는 경우 안구건조증과 손목이나 손가락, 어깨에서 근육통이 유발될 수도 있습니다. 또한 수면의 질과 수면 시간에 부정적인 영향을 미칠 수 있으며 우울, 불안, 강박 등 정신 건강에 악영향을 미칠 수 있습니다. 또한 무절제한 스마트폰 사용은 대인관계에서 문제를 발생시킬 수 있습니다. 스마트폰 중독 성향이 높을수록 사이버 폭력cyber bullying에 대한 가해 및 피해 경험이 모두 증가하는 경향이 있으며, 청소년의 경우 신체 폭력 및 따돌림을 경험하는 비율이 더 높게 나타난다고 합니다.

스마트폰 중독이 꾸준히 늘고 있기 때문에 스마트폰 중독에 대한 더 많은 연구가 필요합니다. 지금까지는 스마트폰 중독의 개입으로 명상을 적용한 연구는 거의 없지만, 몇 가지 전제를 고려할 때 명상은 스마트폰 중독에 효과적일 수 있습니다.

명상에서 필수 기능인 마음챙김과 알아차림은 순간순간 자신의 내부에서 일어나는 생각, 감정, 감각 등의 경험에 온전히 주의를 기울여 있는 그대로 알아차리고 받아들이게 해줍니다. 이처럼 명상을 통해 자신의 신체감각과 인지과정에 주의를 기울임으로써 중독의 자동적 처리과정에 개입할 수 있습니다. 즉, 자신의 갈망을 면밀히 자각하고 수용하여 중독행위를 조절할 수 있게 됩니다. 어떤 자극이 일어나 강한 갈망을 일으키는 과정을 알아차려, 중독의 순환 고리를 약화시키는 역할을 할 수 있습니다.[18] 또한 명상은 개인이 일상에서 경험하는 스트레스를 조절하도록 돕기 때문에 중독행동이 심해지는 것을 예방할 수 있습니다.

국내의 한 연구에서는 대학생 575명을 대상으로 마음챙김 명상이 스마트폰 중독 성향자의 스마트폰 사용시간에 미치는 영향을 살펴보았습니다.[19] 연구 결과에 의하면 명상을 통한 작업기억[20]의 증가는 스마트폰 사용자가 이전에 비해 현재 경험에 온전히 주의를 기울이게 하고, 덜 충동적으로 반응하게 하며, 결과적으로 스마트폰에 주의가 분산되는 횟수와 사용 시간이 감소된다고 합니다.

이렇듯, 최근 심각한 사회문제로 대두되고 있는 스마트폰의 중독문제에 있어 명상은 예방효과, 치료효과, 재발 방지효과가 있다는 것이 밝혀지고 있습니다.

참조 '알아차림'은 5번의 답변을 참조하시면 도움이 됩니다.

071 술을 끊는 데 도움 되나요?

남편이 술을 좋아하더니 점차 알코올 중독이 되어 가고 있습니다. 명상을 통해 술을 끊게 하거나, 아니면 술에 대한 절제력을 높일 수 있을까요?

최근 조사를 보면 알코올중독으로 병원을 찾는 사람들이 갈수록 증가하는 추세를 보이고 있습니다. 술은 우리 일상 가운데서 흔히 볼 수 있는 기호식품이지만 쉽게 중독될 수도 있다는 이중성을 갖고 있습니다.

건강보험심사평가원에 따르면 알코올중독 환자는 2013년 7만7038명에서 2014년 7만7904명으로 전년보다 866명 증가한 것으로 나타났습니다.[21] 2014년의 7만7904명을 성별로 보면 남성이 80%[6만2560명]로 여성 1만5344명보다 4배 더 많은 것으로 나타났으며 연령별로 보면 20세 미만이 전년대비 19.3%로 가장 많이 증가해 청소년의 알코올중독 문제가 심각한 것으로 드러났습니다.

알코올중독은 음주에 대한 조절능력을 상실하여 과도한 양의 술을 반복해서 마시게 되고 그 결과 정신적 문제, 행동상의 문제가 지속적으로 나타나는 질환입니다. 알코올중독은 내성과 금단증상이 나타나게 되는데, 내성은 몸이 술에 적응하여 만족감을 느끼기 위해서는 더 많은 양의 술이 필요해지는 것을 말합니다. 금단현상은 이렇게 내성이 생긴 상태에서 술을 금하거나 양을 줄이면 나타나는 것으로 심한 신체적 고통이 발생하는 것을 말합니다. 금단현상으로는 구토, 식은땀, 심계항진, 손 떨림, 정서적 불안감 등의 증상이 있는데 심한 경우에는 정신착란까지 나타납니다. 유전적, 신체적, 심리적, 사회적 요인 등이 원인이 되어 발생하는 알코올 중독은 개인의 신체적, 정신적, 경제적, 가족기능 측면에서 심각한 영향을 미칩니다.

알코올중독에서 회복되기 위해서는 금주가 우선이며, 음주하지 않고도 생활의 어려움을 이겨내고 마음 편히 사는 방법을 배우는 것이 필요합니다. 여기에는 부정적인 자기개념과 같은 성격적인 문제의 변화도 함께 동반되어야 할 것입니다.

알코올중독 환자에 대한 연구결과[22]에 의하면, 환자가 금주 프로그램에 참여하여 희망과 자기존중감이 강화됨으로써 안정된 금주를 하는 데 도움이 되었다고 합니다. 또한 알코올중독 환자들의 장기적인 회복과 유지에는 치료 중에 일어난 변화보다 치료 후의 사건들이 더 영향을 많이 미친다고 합니다. 그러나 알코올중독 치료 후에 계속 진행되는 치료 프로그램이 거의 없어서 재발률이 높아지는 문제가 발생합니다. 실제 알코올중독 치료를 받은 환자들 대부분은 퇴원 후 3개월 이내에 재발하는 경우가 많습니다.

이에 명상은 스스로의 수행을 통하여 부정적인 자기개념 등을 변화시키고, 일상적인 스트레스에 대처하는 데 도움을 주어 알코올중독을 치료하고, 금주를 유지하는 데 효과적인 대안이라고 할 수 있습니다.

명상을 하는 동안 격렬한 감정들은 고요하고 조용한 상태로 변화되며, 명상을 계속하면 평온한 상태에 이르게 되고 긍정적인 감정들을 느끼면서 감수성과 내성 능력이 증진됩니다. 더 나아가 평화, 기쁨, 사랑, 자비의 감정을 느끼게 되며 자신에 대한 내적 통찰을 하게 됩니다. 명상은 자기효능감, 자아실현 및 자기존중감의 증진을 도와 균형 있는 생활방식에 도달하게 함으로써 알코올중독 치료에 주요한 역할을 할 수 있고 중독을 예방하는 방안이 될 수 있을 것입니다. 그러므로 저녁마다 명상하는 시간을 갖는 습관을 들여 보시기를 권해드립니다. 술을 끊거나 절제하기 위해서는 먼저 술을 마시고 싶어하는 마음을 알아차리는 것이 필요합니다. 위빠사나 명상이 그와 같은 훈련을 하는 데 도움이 될 것입니다. 그리고 명상을 마칠 때 자기 자신과 금주 서약을 하는 시간을 갖는다면 그 효과는 배가될 것입니다.

물론, 중독 상태에서 명상을 하는 것은 보완적인 방법으로 사용되어야 할 것입니다. 명상은 금주를 위한 주치료방법이 원활히 진행될 수 있도록 도움을 줄 것입니다. 그리고 어느 정도 익숙해지면 명상이 주치료방법을 대체하는 힘을 발휘할 것입니다. 특히, 명상은 중독을 치료하기 위한 약물이나 환경 등을 통해 형성되었던 또 다른 의존관계에서 벗어나게 하는 데 큰 도움이 됩니다.

참조 '위빠사나 명상'은 37번 답변을 참조하시면 도움이 됩니다.

072 금연할 수 있는 방법이 있나요?

주변 사람 중에 명상을 통해 금연한 사람이 있던데 어떤 명상을 어떻게 하면 되는 건가요? 아주 오랫동안 담배를 핀 사람도 명상으로 금연이 가능한지 궁금합니다.

많은 사람들이 금연에 대해 고민합니다. 사실 흡연을 하면서도 언젠가 끊어야지 생각하며 담배를 피는 사람이 많습니다. 그 때문에 담배를 못 끊는 것도 사실입니다. 언젠가 끊어야 한다면, 그리고 끊을 수 있다면 왜 꼭 지금 끊어야 하는가라고 자문하는 사람들도 많기 때문입니다. 이런 관점에서 보면 우리가 지금 할 수 있는 일은 없는지도 모릅니다. 항상 뒤로 미룰 수 있기 때문입니다. 그 중 대표적인 것이 금연이라고 볼 수 있겠습니다. 어떤 사람들은 금주와 금연 중 어떤 것이 힘드냐는 질문에 금연이 더 힘들다고 하는 경우도 많습니다. 왜냐하면 흡연은 손쉽게 혼자서 즐길 수 있기 때문입니다. 물론 금연이나 금주나 모두 힘들긴 마찬가지입니다. 여기서는 금연할 수 있는 방법을 제안하고자 합니다. 꼭 금연하겠다는 의지를 가지고, 아래의 명상법을 꾸준히 따라한다면 효과를 볼 수 있을 것입니다.

먼저 금연을 시작하는 단계에서는 암시명상을 합니다. 암시명상은 담배를 지금 끊고자 하거나, 끊은 지 얼마 안 되어 흡연 욕구가 아주 심할 때 하는 것입니다. 담배를 정말 피고 싶을 때 3~5분 정도 실시하면 효과가 좋을 것입니다. 우선, 평소 즐겨 피는 담배와 굵기가 비슷한 볼펜 또는 빨대를 물고 눈을 감은 채 담배를 필 때처럼 숨을 깊게 빨아들이고 깊게 내쉽니다. 이때 실제로 담배를 피고 있으며, 니코틴이 몸속으로 흡수되고 있다고 상상합니다. 아울러 담배 필 때와 같은 감각, 맛, 연기가 날리는 모습 등을 최대한 구체적으로 떠올리며 실시합니다. 금연한 후 1~2주에 걸쳐 이 방법을 사용하면 좋습니다.

그 다음 단계는 앞의 단계에서 어느 정도 효과를 본 후에 실시하는 혐오명상입니다. 어느 정도 금연을 하고 있지만, 금연에 대한 의지가 점점 약해질 때 도움이 되는 명상입니다. 앞에서와 마찬가지로 3~5분 정도 실시합니다. 먼저 담배를 필 때처럼 입으로 숨을 천천히 깊게 들이마신 뒤, 담배연기를 내뿜듯 입으로 천천히 숨을 내뱉습니다. 이때 자신이 담배를 피고 있으며, 니코틴뿐만 아니라 발암물질 등도 함께 몸에 들어온다고 상상합니다. 발암물질이 들어오면서 폐가 고통스러워하고 망가져가는 모습을 떠올립니다.

다음 단계는 호흡명상입니다. 이제 어느 정도 흡연 욕구가 사라졌지만 그럼에도 담배에 대한 생각이 계속 날 수 있습니다. 보통 금연한 후 5~6주 정도 후에 해당합니다. 먼저 코로 숨을 천천히 깊게 들이마신 뒤 코로 천천히 내뱉습니다. 들이쉬는 숨에 피톤치드가 풍부한 숲속의 맑은 공기가 자신의 폐안으로 깊이 들어오고, 내쉬는 숨에 몸속의 니코틴과 발암물질 등의 유해물질이 말끔히 빠져나간다고 상상합니다. 한번에 3~5분 정도 하는 것이 좋으며, 하루에 지속적으로 반복하면 도움이 될 것이다. 그런데 이 단계에서도 아직 흡연욕구가 강하다면 앞의 단계를 반복하는 것이 좋습니다.

지금까지 소개한 바와 같이 암시명상 → 혐오명상 → 호흡명상의 3단계를 두 달 정도 실시한다면 금연을 할 수 있을 것입니다. 그러나 앞에서 강조했듯이 가장 중요한 것은 자신의 금연의지이니 굳세게 마음먹고 하는 것이 좋습니다.

073 불면증에서
벗어날 수 있을까요?

불면증 때문에 잠을 못자는 날이 많다보니 낮 시간에는 일상 활동을
제대로 수행하기가 상당히 어렵습니다. 이러한 경우에 명상이 효과
가 있을까요?

불면증은 잠자리에서 잠이 잘 오지 않거나, 잠이 오더라도 수면 상태
를 유지하지 못하고 질적으로 만족스러운 수면을 취하지 못하여 낮
에 각성 수준이 낮아지는 상태를 말합니다. 즉 입면과 수면 유지에 있
어 어려움을 경험하고, 수면의 질이 떨어져서 낮 시간에 활동이 저하
되는 것을 말합니다.

　　　불면증에는 일시적 불면증, 단기 불면증, 장기 혹은 만성 불
면증 등 3가지 형태가 있습니다. 일시적 불면증이란 며칠 이상 지속
되지 않으며 수면주기의 변화, 스트레스, 단기 질병에 의해 보통 발생
합니다. 단기 불면증은 2주에서 3주까지 지속되는 것으로 스트레스
혹은 신체적, 정신적 질병과 관련되어 있습니다. 장기 혹은 만성 불면
증은 몇 주 이상 지속되는 것으로 매일 밤 혹은 한 달 중 대부분 밤에

잠을 못 이루는 것입니다. 여기에는 신체적, 정신적 문제를 포함하여 많은 원인이 있을 수 있습니다.

불면증의 원인을 생활습관 요인, 환경적 요인, 신체적 요인, 심리적 요인으로 구분해서 살펴보면 다음과 같습니다. 첫 번째 생활 습관 요인으로는, 약물복용이나 안 좋은 습관으로 인해 수면에 들기 어려워서 불면증이 일어나는 경우입니다. 여기에는 흡연과 음주, 카 페인 성분이 포함된 음료 섭취가 대표적인 예입니다. 잘 시간이 다 되 어 음주를 하게 되면 역시 잠을 잘 이루지 못하게 됩니다. 잠자는 시 간이 매일 바뀐다거나, 하던 일이 바뀌는 것도 좋은 수면을 파괴시키 는 요인이 될 수 있습니다. 두 번째 환경적 요인으로는 자동차 소리, 비행기 지나가는 소리, 이웃의 텔레비전 소리 등의 소음으로 인해 수면이 방해받는 경우입니다. 또한 방이 너무 밝다거나 방안의 온도가 너무 낮거나 높아도 수면을 방해할 수 있습니다. 세 번째로는 신체적 요인이 있는데, 여기에는 수면 무호흡증과 같은 호흡 관련 질환이나 자는 동안의 주기적 근육 경축과 같은 일차적인 수면 관련 질환들이 있습니다. 이들 질환은 모든 만성 불면증 원인의 반 정도를 차지하고 있습니다. 또 다른 신체적 요인으로는 관절염이라든지 속 쓰림, 월경, 두통, 얼굴이 화끈거리는 열감 등이 있습니다. 네 번째로 심리적 요인이 있는데, 일반적으로 불면증은 우울증의 대표적인 증상으로 알려져 있습니다. 그밖에 미미한 심리적 요인들 또한 불면증과 관련되어 있다고 합니다. 즉, 스트레스나 환경 변화에 의해 불면증을 쉽게 겪는 경우인데, 예를 들어 가정문제나 직업문제와 같은 것을 걱정할 때 잠을 설치게 되고, 마침내 잠자는 것에 대해 걱정을 하게 되면 그 걱정 자체가 수면을 방해하게 됩니다.

불면증 치료 요법에는 수면 제한법과 자극 통제법 등 행동적 요소 해결에 초점을 맞추는 치료법이 있습니다. 또 다른 방법은 수면 관련 인지적 요소에 초점을 두는 치료법입니다. 이 인지치료는 사고의 내용을 바꾸는 것을 강조함으로써 치료합니다. 그런데 치료 과정에서 부정적인 생각이 확산되어 그들의 생각이 사실인지 아닌지를 재차 확인하게 되면서 사고패턴에 갇히는 위험에 빠질 수 있습니다.

이 두 가지 치료법에 대한 대안으로 명상이 제시됩니다. 마음챙김 명상은 인지치료와 달리 사고 내용을 변화시키기보다는 자신의 생각에 매몰되지 않도록 '탈중심화'를 도와 사고 간의 관계를 알아차리는 것을 강조합니다. 이와 같이 마음챙김 명상은 부정적인 자동적 사고에서 벗어날 수 있도록 하고, 있는 그대로를 경험하게 함으로써 평정 상태를 유지하게 도와줍니다.

마음챙김 명상은 자기 자신을 생각과 감정에서 분리하여 거리를 두기 때문에 수면에 들기 전 비합리적인 사고를 감소시키는 데 도움을 주고 수면에 대한 역기능적 사고가 재활성화되는 것을 예방해 줍니다. 또한 신체적 이완을 유도해서 부교감 신경계를 활성화시켜 수면에 드는 시간을 감소시켜줍니다.

이렇듯 명상은 단순히 불면증 완화에 효과적인 것이 아니라 일상적인 스트레스 대처에도 효과적이기 때문에 일상생활에서 꾸준히 명상을 실시한다면 과도한 스트레스로 인한 불면증 예방에도 도움이 될 수 있습니다.

수면에 도움이 되는 명상으로는 호흡명상이 추천됩니다. 호흡명상을 한다고 바로 숙면을 취할 수 있게 되는 것은 아니지만, 꾸준히 하면 약에 의존하지 않고도 숙면을 취하는 데 효과적일 것입니다.

참조 명상과 수면에 관해서는 13번, 51번, 58번의 답변을 참조하시면 도움이 됩니다.

MEDITATION

100

QUESTIONS
&ANSWERS

PART 04

상황별 **명상 실천**법

명상을 하다보면 내가 잘하고 있는지 의문이 들기도 하고, 여러 가지 상황에 처하게 됩니다. 처음 시작하는 사람은 물론 명상을 어느 정도 체험한 숙련자 역시 명상 도중 다양한 경험을 합니다. 명상 중 졸린 경우 어떻게 해야 할까요? 명상 도중 허리나 다리가 아프거나 소화가 안되는 경우는요? 4장에서는 명상을 하는 동안 일어날 수 있는 현상들을 알아보고, 각 경우에 맞는 실천법과 해결책을 알아보겠습니다.

074 명상은 지루한 것?

명상하면 굉장히 지루하고 따분해지지 않나요? 안 그래도 살기 힘든 세상에, 지루하고 따분한 명상을 꼭 해야 될 필요가 있는지 잘 모르겠네요.

흔히들 명상은 지루하고 따분하다고 생각하는 경우가 있습니다. 사람들이 눈을 감고 조용히 앉아 있는 모습도 그렇고, 자신이 직접 앉아서 해보는 경우에도 이걸 왜 하는지 의문을 가질 수 있습니다. 그렇다면 명상이 지루하고 따분하게 느껴지는 이유가 무엇인지 살펴보겠습니다.

명상은 어떤 대상에 대해 집중하는 훈련이자 노력입니다. 그러면 왜 집중하는 것이 지루하고 따분한 걸까요? 우리가 공부할 때를 예로 들어보겠습니다. 우리가 잘 알고 있는 주제가 나오면 우리는 이미 안다고 생각하고 넘어갑니다. 즉 이미 아는 내용을 다시 보는 것은 재미가 없어 따분해 합니다. 다른 한편으로 우리가 전혀 모르는 내용이 나오는 경우 아예 관심을 가지지 않거나, 반대로 집중을 해서 그것을 이해하려고 시도합니다. 그러나 여러 방면으로 노력해도 이해가 되지 않을 때 우리는 따분해 하며, 이것이 반복되면 공부를 그만하게 됩니다. 아는 내용은 알기 때문에 따분하고, 잘 모르는 내용은 모르기 때문에 따분할 수 있습니다.

　　마찬가지로 명상을 할 때도 명상의 필요성을 잘 느끼지 못하거나, 명상을 하는 방법을 잘 모르는 경우 명상에 대해 지루해하거나 따분해 할 수 있습니다. 이 경우 중요한 것이 명상의 필요성에 대한 동기부여입니다. 자신이 왜 명상을 하고자 하는지에 대한 동기부여가 되지 않으면 명상은 다만 졸리고 지루하고 따분한 것일 수 있습니다. 따라서 자신이 명상을 하고자 하는 이유를 구체적으로 생각해서 이를 정리한 후 종이에 적어보는 것도 하나의 방법입니다. 건강상의 목표를 가지고 하는 것인지, 아니면 심리적 안정의 필요성이 있어 하고자 하는 것인지 등등 명상을 하는 이유가 어느 정도 명확해야 합니다.

　　만약 명상에 대해 어떤 선입견을 가지게 되면 명상을 진행하기 어렵습니다. 우리가 외국어 공부를 할 때 이 공부를 하는 이유가 무엇인지 먼저 정해놓고 어느 정도까지 하겠다는 결심이 있어야 하듯, 명상도 일정한 시간을 정해놓고 노력하는 것이 필요합니다. 그러나 명상의 특성상 너무 애쓰게 되면 오히려 명상이 힘들게 느껴지고, 결국 명상을 안 하게 됩니다. 따라서 자신이 명상을 하고자 하는 이유와 명상을 실천하는 방식을 미리 정해놓고 점검하는 것이 필요합니다. 명상 방법 등에 대해서는 명상 지도자의 안내를 받는 것이 좋습니다.

명상에 대한 선입견 명상에 대한 선입견 중 하나는 가만히 앉아있는 모습 때문에 무척 따분해 보일 수 있다는 것이다. 저렇게 앉아 있느니 생산적인 일을 하는 게 낫지 않을까라고 생각하는 것도 일종의 선입견이다.

이미 앞에서 명상의 종류에 대해 알아보았습니다. 만약 자신이 행하는 명상에 대해 계속 지루하고 따분함을 느낀다면 명상 방법을 바꿔보는 것도 하나의 방법이 될 수 있습니다. 좌선과 같은 정적 명상에서 걷기명상과 같은 동적 명상으로 바꾸거나, 정적 명상 중에서도 명상의 주제를 바꾸면 상대적으로 덜 지루할 수 있습니다. 그러나 명상 방법을 바꾸는 것에는 주의가 필요합니다. 명상이 지루한 것은 대상에 대한 흥미가 유발될 정도로 집중력이 향상되지 않은 경우가 많기 때문입니다. 특히 초보자의 경우에는 한 가지 방법에 익숙하기도 전에 다른 방법으로 바꾸다 보면 명상의 참맛을 못보고 쉽게 포기해버릴 수 있습니다. 어느 정도 숙달되어 집중력이 향상되면 극복되는 현상이므로 참을성을 갖고 실천하는 것이 필요합니다.

참조 '명상의 종류'는 8번, '좌선'은 2번, '정적 명상'은 21번, '걷기명상'은 35번, '동적 명상'은 31번의 답변을 참조하시면 도움이 됩니다.

075 자애명상이 잘 안 될 때는?

자애명상을 하려는데 대상이 되는 사람이 잘 안 떠오르네요. 대상을 떠올리면 걱정이 생기거나 미워하는 마음이 생길 때도 있고요. 어떤 땐 자애는커녕 오히려 화가 날 때도 있어요. 그럴 때는 괜히 자애명상을 했나보다 하고 후회되기도 하는데요. 이럴 땐 어떻게 해야 하는 거죠?

자애명상을 처음 할 때는 이성적으로 좋아하는 사람이나, 미워하는 사람을 대상으로 하지 않는 것이 좋습니다. 이성적으로 좋아하는 사람의 경우, 자기도 모르게 그 사람을 보고 싶어 하거나, 그 사람과의 추억에 젖을 수 있기 때문입니다. 자애명상은 회상에 치우치거나 어떤 욕구를 떠올리는 것이 아니라 그 사람에 대해 '건강하기를 행복하기를' 바라는 현재의 마음을 보내는 겁니다. 마찬가지로 미워하는 사람을 떠올려서 자애명상을 하는 경우에는 자기도 모르게 그 사람과의 좋지 않은 감정이 올라오거나 서운한 기분이 들 수도 있습니다. 그렇게 되면 자애명상에 집중하는 것이 힘듭니다. 따라서 처음에 익숙하지 않을 때는 이성적으로 좋아하는 사람이나 미워하는 사람보다는 자기 자신을 대상으로 삼습니다. 어느 정도 익숙해지면 가족이나 좋아하는 사람, 더 익숙해지면, 자신의 마음에 떠올려도 덤덤한 사람을 대상으로 합니다.

타인에 대해 자애의 마음을 보내는 것이 어려울 수 있습니다. 이 경우 자신의 부모님을 연상하여 사랑하는 마음을 보내는 것도 방법입니다. 자애명상의 대상에 대해 미움이 일어나거나 화가 나는 경우에는 사랑을 보내기에 좋은 다른 대상으로 바꿔서 하는 것이 좋을 것입니다. 또한 자애명상 할 때 자애명상의 대상을 떠올리며 '과거에 이랬었는데, 잘 했어야 하는데……' 등등을 생각하거나 '앞으로 관계를 잘 풀어야겠어' 등등의 고민을 하지 않는 것이 좋습니다. 대신 현재 자애명상의 대상에 대해 계속해서 '건강하기를 행복하기를' 바라는 마음으로 그 대상을 떠올립니다. 그러다가 '이 사람이 나에게 서운하게 했는데…'라든지 '앞으로 잘 지내야겠어'라는 식의 생각이 떠오른다면 이를 알아차리고 그 대상에게 '건강하기를 행복하기를' 바라는 마음을 지속적으로 갖는 것이 중요합니다.

자애명상을 시작하기에 가장 쉬운 대상은 바로 자신입니다. 먼저 오늘 자신이 한 일에 대해 작은 것이라도 칭찬해주고 자신을 인정해 줍니다. 밥을 잘 먹은 것도 칭찬받을 일이고, 피곤한데도 집안일을 한 것도 칭찬받을 일이며, 신호등의 신호를 잘 지킨 것도 칭찬받을 일입니다. 이렇게 찾다보면 자신을 칭찬할 만한 일들이 점점 많아지면서 몸과 마음에 이완작용이 일어납니다. 자신에 대한 사랑이 풍부해져야 다른 대상에게 사랑을 전할 수 있습니다. 그러니 먼저 자신을 사랑하십시오. 그리고 자기 자신이 육체적, 정신적으로 건강하고 행복하고 편안하기를 바라는 마음을 반복적으로 일으킵니다. 문구를 반복적으로 외우는 방법도 있습니다. '내가 육체적으로 건강하기를……', '내가 정신적으로 건강하기를……', '내가 편안하기를……', '내가 행복하기를……'의 네 가지 문구도 쉽고 공감이 잘 됩니다. 이것이 어느 정도 충족되었다는 생각이 들면 좋아하는 가족이나, 존경하는 분으로 대상을 바꾸어 봅니다. 이들에 대해서 자애가 잘 전달되지 않으면 다시 자신으로 되돌아옵니다. 이 과정을 반복하면 다른 대상에게도 사랑이 잘 전달될 것입니다. 무리하게 타인부터 시작할 필요는 없습니다.

참조 자애명상에 관해서는 24번, 54번, 64번의 답변을 참조하시면 도움이 됩니다.

076 화두가 잘 안 잡히면?

스님으로부터 '이 뭣고?' 화두를 받았는데 화두가 잘 안 잡힙니다. 명상할 때뿐 아니라 평상시에도 늘 '이 뭣고?' 하라고 가르침을 받았습니다. 그런데 '이 뭣고?'를 하게 되면 마음이 조용해지고 잡생각이 없는 것 같기도 한데 잘 하고 있는 것인지 모르겠습니다. '이 뭣고?' 화두를 왜 반복해서 되새겨야 하나요?

화두話頭는 간화선看話禪에서 명상할 때 쓰는 대상입니다. 간화선이란 말 그대로 화두를 보는 선禪입니다. 화두는 공안公案이라고도 하는데 그 수가 1700개 이상입니다. 그런데 화두를 왜 보고자 하는 걸까요? 화두를 우리말로 풀면 '말머리'인데 여기에 화두가 가진 함축적인 의미가 있습니다. 보통 화두에는 배경 이야기가 있습니다. '이 뭣고?'는 "이 몸뚱이 끌고 다니는 이놈이 무엇인고? 이것이 무엇인고?"를 경상도 사투리로 '이 뭣고?'라고 하게 된 것입니다. 즉, '이 뭣고?'에는 "몸뚱이를 끌고 다니는 이놈은 무엇인가?"라는 스토리가 있으며 이를 화두로 '이 뭣고?'라고 축약하여 표현하게 된 것입니다.

'이 뭣고?'의 배경 이야기는 다음과 같습니다. '이 뭣고?'를 지칭하는 시심마是甚麼라는 한자의 뜻은 '이것이 무엇인가?'라는 뜻입니다. 이것은 『벽암록』 제51칙에 나오는데, 송宋나라 때 수행승들이 설봉雪峰스님을 찾아가면서 벌어진 일을 담고 있습니다. 찾아온 수행 승들을 맞은 설봉스님은 그들을 향해 자신의 몸을 앞으로 내밀면서 '이것은 무엇인가是甚麼?'라고 묻는 것에서 기원을 찾을 수 있습니다.

　　　이처럼 화두에는 배경 이야기가 있는데, 결국은 하나의 질 문으로 끝맺습니다. 그 하나의 질문을 의심하는 것이 바로 간화선입 니다. 간화선은 해답을 찾기 위해 의심하고, 또 의심하는 것입니다. 마치 중고등학교 시절 수학문제를 풀기 위해 전력을 다하듯이 하는 겁니다. 수학문제에 답이 있듯이 화두에도 답이 있습니다. 그런데 아 주 어려운 수학문제는 풀기 어려운 것과 마찬가지로 화두의 답을 풀 어내기란 쉽지 않습니다. 어쩌면 수학문제보다 더 어려운 삶의 일대 사一大事 문제를 풀고자 하는 것이 바로 간화선입니다.

　　　따라서 화두를 풀기 위해서는 화두가 풀릴 것이라는 믿음이 필요합니다. 이 믿음에는 화두를 정말 궁금해 하는 대의심大疑心과, 이 화두가 언젠가 반드시 풀리리라 믿고 전력투구를 하는 대신심大信心 이 있습니다. 이를 뒷받침하는 것이 바로 반드시 풀겠다는 전투의지 인 대분심大憤心입니다. 분심이 일어나는 이유는 아무리 화두를 잡고 개념적으로 이해하려고 해도 풀리지 않기 때문입니다. 분심을 잘 이 용해서 진행하는 것이 간화선이며, 아울러 의심, 신심이 뒷받침되어 야 간화선 수행을 할 수 있습니다.

　　　간화선이란 실재하는 현상을 있는 그대로 보기 위해 개념이 라는 언어를 통해 접근하는 방법입니다. 난해한 화두가 반드시 풀릴 것이라는 신심과 이를 추동하는 분심을 통해 고도의 집중을 이끌어

개념이라는 언어를 통해 접근하는 방법　우리는 언 어를 통해 사물을 지칭하 면서, 이를 실재하는 사물 과 1대1 대응시켜 생각한 다. 즉, 개념적으로 존재하 는 것이 실제로도 존재한다 고 생각하고 믿는다. 간화 선 수행은 개념을 사용해서 마음을 극한으로 밀어붙여 개념의 틀을 부수는 수행법 이다.

내는 명상이 바로 간화선입니다. 여러 화두 중 자신의 의심을 극대화

시키는 화두가 자신에 맞는 화두이며, 이를 마음속으로 반복해서 되

새겨 질문에 대한 답을 집중해서 구하는 것이 간화선의 핵심이라고

볼 수 있습니다.

참조 '간화선'과 '화두'에
관해서는 25번의 답변을
참조하시면 도움이 됩니다.

077 만트라 명상은
어떻게 하는 것이 좋은가요?

저는 종교를 믿지 않는 무신론자인데 어떤 만트라 명상을 할 수 있나요? 그리고 '옴aum'과 같은 만트라 명상을 할 때 조금 하다가 바로 잡념이 드는데 어떤 좋은 방법이 있을까요? 호흡명상 중 수를 세는 수식관과는 어떤 차이가 있는지요?

만트라 명상이란 단순한 소리를 반복적으로 지속하는 것입니다. 보통 불교신자의 경우는 '석가모니불', '나무아미타불', '관세음보살'과 같은 간단한 구절을 반복해서 암송합니다. 여러 사람이 모여 만트라 명상을 하는 경우에는 함께 소리를 내는 것이 더 효과적입니다. 공공장소처럼 다른 사람에게 방해가 되는 경우는 속으로 만트라를 되뇌는 것도 가능합니다. 따로 믿는 종교가 없는 경우에도 '옴aum'과 같은 만트라는 명상에 적용할 수 있습니다. 기독교와 같은 종교를 믿는 경우에는 '아멘'과 같은 말을 반복해도 좋습니다. 단순한 말을 지속적으로 반복해서 하는 것이 필요합니다. 따라서 종교를 믿건 안 믿건 자신에게 맞는 간단한 구절을 반복하는 것이 좋을 것입니다.

일단 반복하는 구절을 정했으면 그것을 머릿속에서 반복해서 암송합니다. 이 경우 거의 대부분 다른 잡념이 들어오게 됩니다. 특히 걱정스러운 일이라도 있으면 명상을 조금 하다가 바로 그 일로 빠져 들어가서 계속 걱정을 하게 되는 경우가 많이 있습니다. 따라서 다른 명상과 마찬가지로 만트라 명상 중에 잡념이 생기면 그것을 알아차리는 것이 우선입니다. 제일 먼저 잡념이 드는 것을 알아차리고, 바로 만트라 명상으로 되돌아오는 것을 반복합니다. 만트라 명상의 특징은 단순한 소리를 반복하므로 두뇌가 쉽게 싫증내어 잡생각이 일어나는 것을 역으로 이용하는 것입니다. 단순한 소리가 반복되면 두뇌는 다른 생각이 저절로 떠오릅니다. 따라서 이 잡념이 일어나는 것을 계속 알아차리고 다시 만트라에 집중하는 것을 훈련하는 것입니다. 이런 식으로 진행하다보면 잡념이 서서히 사라지게 됩니다.

그렇다면 호흡명상 중 수식관과의 차이점은 무엇일까요? 들숨 날숨을 세는 수식관은 집중할 대상이 지속적으로 변화합니다. 즉, 수식관의 경우 호흡에 집중하면서 수를 세나가기 때문에 집중 대상이 변화하는 관찰형 명상입니다. 반면 만트라 명상은 오로지 만트라에 집중하는 집중명상인데, 입으로 혹은 내면에서 속으로 자신이 반복해서 내는 소리에 지속적으로 집중하는 것이 핵심입니다. 호흡명상은 호흡이 몸의 작용 중 하나이므로 몸의 느낌에 집중합니다. 반면 만트라 명상은 입으로 소리를 내는 명상이므로 주로 언어, 개념에 집중합니다. 호흡명상이나 만트라 명상 모두 집중이 흐트러져 대상을 놓치게 되면 다시 대상으로 돌아와야 합니다. 만트라 명상의 경우는 내면에서 자신이 내는 소리에 집중함으로써 집중력을 높일 수 있다는 장점이 있습니다. 또한 만트라 명상의 경우 지속적으로 단순한

음에 집중하다보면 다른 잡념이 올라오는 것을 알아차리는 훈련을 하기에 좋은 장점이 있습니다. 수식관과 만트라 명상 둘 중 어떤 것이 더 좋다고 하기 보다는 자신의 상황에 맞게 명상법을 선택하는 것이 좋습니다. 자신의 호흡에 대한 집중력이 좋다면 수식관을 하는 것이 좋을 것입니다. 반면 내면의 반복되는 소리에 대한 집중이 필요하다면 만트라 명상이 좋을 것입니다. 일반적으로 만트라 명상이 호흡명상에 비해 더 초보적이고 쉬운 명상이라고 볼 수 있습니다.

참조 '만트라 명상'은 26번, '잡념'은 93번, '호흡명상'은 22번의 답변을 참조하시면 도움이 됩니다.

078 걷기명상이 잘 안 될 때는?

걷기명상을 할 때 발을 보고 걷다보니 목과 어깨가 많이 아프네요. 그러다보니 금방 지치고 그만 두게 돼요. 제가 뭔가 잘못 하고 있는 건가요?

걷기명상의 장점은 앉아서 하는 좌선을 보완하는 역할로서 졸음을 쫓거나, 식후에 소화에 도움이 되는 동적 명상 중 하나이며, 생각을 멈추고 집중력을 강화하는 데 많은 도움이 됩니다.

여기서는 올바른 걷기명상의 방법을 설명하겠습니다. 일반적으로 걷기명상은 걸으면서 경치를 보거나 다른 소리에 귀를 기울이는 것이 아니라 자신의 발의 느낌에 집중하며 걷는 것입니다. 걷기명상은 걷기는 하지만 이동에 목적이 있는 것이 아닙니다. 오히려 일정한 거리를 왕복하면서 주변의 대상이 아니라 자신의 발에 집중하는 것입니다. 걷기명상의 초기에는 앉아서 하는 정적 명상보다 보이는 것과 들리는 것, 신체에 느껴지는 것이 많아서 집중하기 어렵습니다. 걷기명상의 속도는 일반 걸음 속도보다 느리고 발에 집중을 하다

보니 아기 걸음마 하듯이 걷는 경우가 많습니다. 초보자의 경우 자신이 잘하고 있는지를 살펴보기 위해 자신의 발의 느낌에 집중하기보다는 발 모양, 걷는 자세와 같이 걸음걸이에 마음을 빼앗기는 경우가 많습니다.

걷기명상을 할 때는 발을 보고 걷는 것이 아니라 전방에 시선을 두는 것이 좋습니다. 팔은 자연스럽게 뒷짐을 지거나 앞에 단정히 모으고 천천히 걷습니다. 우리는 일상생활에서 걸을 때 손을 앞뒤로 흔들며 걷습니다. 그렇기 때문에 초보자의 경우 의도적으로 뒷짐을 지거나 손을 앞으로 모으면서 걷는 것이 어깨 통증을 유발할 수 있습니다만 익숙해지면 좋아질 것입니다. 만약 손을 앞이나 뒤로 잡는 것이 무리가 된다면 자연스럽게 흔들리도록 나둬도 됩니다. 또한 처음 걷기명상을 하는 경우에 걷는 도중 발의 움직임이나 보폭을 체크하기 위해서 고개를 숙여 자신의 발을 쳐다보는 경우가 많습니다. 발을 지속적으로 보게 되면 고개가 숙여져 통증이 일어나고 자신의 발이 움직이는 게 보입니다. 이때 '내 발이 올라온다', '내 발이 나아간다', '내 발이 내려간다'와 같은 관념이 생겨날 수 있습니다. 걷기명상은 '내 발', '내가 걷는다'는 관념에서 벗어나서 현재 이 몸 특히 발이 경험하고 있는 감각을 정확하게 알아차리는 것입니다. 걷기명상의 핵심은 걸음 자체에 있는 것이 아니라 스스로 걷고 있음을 아는 것에 있습니다.

따라서 자신의 보폭보다 두 걸음 반 앞에 시선을 두게 되면 풍경과 같은 외부대상에 그다지 신경을 쓰지 않는데다 자신의 발도 보이지 않으므로 걷기명상에 도움이 됩니다. 또한 고개를 너무 숙여

관념 명상 도중에 일어나는 생각으로, 실제로 지금 여기에서 있는 그대로의 감각을 느끼는 대신 자신이 무엇인가 느낀다는 생각 속에 잠겨있는 것을 말한다. 여기서 벗어나는 방법은 생각 속에 있음을 알아차리고 현재의 감각으로 돌아오는 것이다.

서 자신의 발을 보게 되면 아래로 향한 목의 각도로 인해 목과 어깨에 통증이 일어날 수 있습니다. 특히 이런 자세로 몇 십분 이상 걷기 명상을 하게 되면 걷는 당시는 잘 모르지만 나중에 몸이 앞으로 기울어져 가슴이 답답해질 수 있습니다. 따라서 머리는 정면을 바라보고 허리를 곧게 편 후 시선을 3~4미터 정도에 둘 때 목, 어깨, 가슴 등의 통증이 줄어들 것입니다. 그럼에도 계속해서 통증이 일어나면 조금 빨리 걷는 것도 하나의 방법입니다.

참조 '걷기명상은 35번의 답변을 참조하시면 도움이 됩니다.

079 폐활량이 적은데 호흡명상 해도 돼요?

폐활량이 적은 편인데, 호흡명상을 해도 되는 건지 모르겠네요. 괜히 무리가 가는 것은 아닐까 약간 염려되기도 하는데요. 호흡명상 할 때 호흡량을 어떻게 조절하면 될까요?

호흡은 우리가 살아가는 데 있어 가장 중요합니다. 우리는 숨이 끊어지면 죽기 때문에 죽을 때까지 항상 호흡과 함께 합니다. 그래서인지 모든 명상에서 가장 일반적으로 행하는 것이 바로 호흡을 이용한 명상입니다. 호흡은 정적 명상뿐 아니라 동적 명상에도 동일하게 작용합니다. 굳이 정적 명상에서 호흡명상을 따로 하지 않더라도 동적 명상에서도 호흡의 역할은 아주 중요해서 호흡조절을 하게 됩니다. 명상뿐만이 아니라 운동의 경우도 마찬가지입니다. 100미터 달리기 선수나 양궁선수의 경우 모두들 경기 시작 전에 심호흡을 통해 호흡을 조절합니다. 우리는 숨을 통해 안정을 얻을 수 있기 때문입니다. 이렇듯 호흡은 우리의 마음을 지배할 수 있습니다.

그렇다면 왜 호흡을 통한 명상이 중요할까요? 우리가 호흡을 하고 그 상태에 마음을 두는 순간만큼은 우리의 생각이 방황하지 않기 때문입니다. 우리는 지나간 과거나 다가오지 않은 미래에 근심하지 않으며 몸과 마음을 이완시킬 수 있습니다. 또한 호흡을 통해 몸을 편안하게 다스리는 것 역시 가능합니다. 예를 들어 심한 감기처럼 호흡기질환이 심한 환자의 경우 증상이 심할 때 비강이나 기도가 좁아져 숨을 쉬기 어려우므로 자신의 신체와 마음을 조절하기에는 어려움이 있을 수도 있습니다. 그럼에도 어느 정도 호전이 되면 호흡을 통해 자신을 조절할 수 있습니다.

따라서 호흡명상시 폐활량이 적은 것은 전혀 문제가 되지 않는다고 봅니다. 이를테면 호흡기 질환이 아주 심해 숨을 조절할 수 없는 경우를 제외하면 우리는 보통 때 우리가 숨을 쉬는 사실조차 잊어버립니다. 나아가 호흡명상을 하게 되면 호흡수와 맥박 등이 오히려 평소보다 줄게 됩니다. 몸이 이완되고 마음이 편안해지면서 자연스럽게 호흡이 안정되기 때문입니다. 따라서 폐활량이 적은 것과 호흡명상과는 전혀 무관하다고 볼 수 있을 것입니다. 오히려 자신이 폐활량이 부족하다는 생각으로 인해 호흡명상을 할 때 불편하다고 느껴 의도적으로 호흡을 조절하고자 하면 안 됩니다. 이런 생각조차 호흡명상시 일어나는 잡념 중 하나일 수 있습니다.

위에서도 설명했듯이 심한 호흡기질환과 같은 질병이 아니라면 우리는 호흡을 통해 우리의 심신을 충분히 조절할 수 있기 때문입니다. 나아가 호흡명상시 숨을 쉬는 자신의 상태에 대해 걱정하면서 너무 애쓰지 않는 것이 중요합니다. 자연스런 호흡이 제일 중요합니다. 어느 정도 호흡명상에 익숙해지면 모든 것이 자연스러워질 것

잡념 잡다한 생각을 말한다. 우리의 생각은 끊임없이 과거와 미래를 떠돌면서 실제로 존재하지 않는 이러저러한 걱정과 망상을 한다. 지속적으로 집중을 하다보면 잡념이 점점 줄게된다.

이고, 그렇게 되면 호흡명상을 통해 우리의 심신을 편안하게 만들 수 있습니다.

참조 '호흡명상'은 22번, 28번의 답변을 참조하시면 도움이 됩니다.

080 숲속에서
걷기명상 해도 될까요?

걷기명상을 숲속에서 해도 관계없나요? 숲속에 가면 각종 나무, 들꽃, 계곡물 등등 시선을 끄는 것들이 많아서 많이 산만해질 것 같거든요. 숲에서 걷기명상을 해도 되는지, 만약 하게 된다면 어떻게 하는 것이 좋은지 알려주세요.

숲속에서 하는 걷기명상은 크게 두 가지로 나눕니다. 첫째는 심신의 힐링 중심으로 걷기명상을 하는 경우입니다. 심신의 힐링이란 숲이 가지고 있는 자연 치유적 작용을 숲을 걸으면서 받아들이는 것입니다. 현대인들이 접하는 일상적인 도시의 환경오염에서 벗어나 숲에서 걷는 것만으로도 심신치유가 가능하리라고 생각합니다. 둘째는 명상적 측면에서 걷기명상을 하는 경우입니다. 앞에서 걷기명상에 대해 설명했습니다만 이 경우는 약간 다릅니다. 일반적으로 걷기명상에서는 자신의 발의 감각을 알아차리는 것을 우선으로 합니다. 즉, 걸을 때 우리가 관찰하는 대상이 줄면 줄수록 좋은데, 그 이유는 대상이 많을수록 발에서 생겨나는 감각에만 주의를 기울이기가 어렵기 때문입니다. 대상이 많아지게 되면 잡념이 늘게 되고, 집중력이 약한

사람일수록 거기에 휘말리기 쉽습니다. 따라서 숲에서 걷기명상을 하는 목적에 따라 약간 달라질 수 있습니다.

숲에서의 걷기명상이 힐링 중심이라면 오감五感을 열고 천천히 걸으며 마주치는 모든 대상을 음미하는 것이 좋을 것입니다. 대부분의 현대인들은 일상생활에서 수시로 산만해집니다. 더구나 스마트폰과 같은 기기의 등장으로 우리는 쉴 틈이 없습니다. 이런 맥락에서 보자면 숲에서 온 마음을 느슨하게 풀고 천천히 걷는 것만으로도 좋은 힐링이 될 수 있습니다. 자신의 호흡과 걸음을 느끼면서 수시로 나타나는 꽃과 나무를 관찰하고 숲이 뿜어내는 다양한 향기에 온전히 자신을 맡긴다면 아주 좋은 힐링명상이 되리라 생각합니다.

그러나 꽃을 보고 아름다움을 즐기는 대신 과거의 안 좋은 생각과 연결짓거나 미래의 근심을 떠올리면 치유보다 상처가 되므로 현재의 대상에 머물러 순간순간을 만끽하는 것이 좋습니다. 다른 한편으로 숲에서의 걷기명상이 보다 집중을 요하는 명상적 측면이라면 처음에는 한정된 구역을 왕복하면서 마주치는 대상을 조금씩 줄이는 것이 좋습니다.

실제로 숲에서 걷기명상을 해보면 집중하기가 쉽지 않습니다. 숲이라는 환경이 주는 선물이 참으로 많기에 알아차려야 할 외적 대상이 많아질 수 있습니다. 특히 명상에 익숙하지 않은 초보자의 경우 집중의 대상을 순간순간 바꿔야 하는 동적 명상을 숲에서 하기는 쉽지 않습니다. 울퉁불퉁한 길을 걸을 수도 있는 걷기명상은 물론이고 조용히 자리에 앉아 좌선하는 정적 명상을 하는 경우에도 벌레라든지, 새 소리나 바람 소리 등에 영향을 받기 쉽습니다. 물론 처음에는 이러한 소리들이 산만하게 느껴질 수 있으나 자연은 우리에게 심신의 이완을 줍니다. 그러니 숲속에 가시면 먼저 충분히 풍광을 즐기시고 어느 정도 환경에 익숙해지면 마음을 한정된 부분으로 모아서 걸어보는 것도 좋을 것 같습니다.

여기서는 숲에서의 명상을 힐링명상과 걷기명상으로 나누었는데 어느 정도 명상에 익숙해진다면 굳이 나눌 필요가 없다고 봅니다. 명상을 통해 집중력이 향상되어 좀 더 쉽게 명상 대상에 몰두할 수 있기 때문입니다.

참조 '걷기명상'은 35번, 78번의 답변을 참조하시면 도움이 됩니다.

081 명상 중에 졸음이 쏟아지면?

그다지 피곤하지 않은데도 명상 중에 자꾸 졸음이 와서 하기 싫어질 때가 있어요. 왜 그렇게 졸린 건지도 잘 모르겠고요. 이럴 땐 어떻게 해야 하나요? 뭔가를 잘못해서 그런 건가요? 쏟아지는 졸음을 해결할 수 있는 방법이 있으면 알려주세요.

명상을 시작하는 초보자의 경우 초기에 좌선과 같은 정적 명상을 할 때 졸음이 쏟아지는 경우가 많이 있습니다. 졸음이 오는 것은 생리적 현상이므로 꼭 무엇을 잘못해서 그렇다고 보기는 어렵습니다. 졸음은 특히 식사 후 소화를 위해 피가 위장 등의 장기에 몰릴 때 더욱 심해집니다. 또한, 과로, 과음 등으로 몸이 피곤한 때 명상을 하면 바로 졸음에 떨어질 수 있습니다.

　　보통 불교명상에서는 명상 중 찾아오는 졸음 등에 대해 혼침昏沈, styāna이나 해태懈怠, kausīdya에 빠졌다고 합니다. 혼침이란 무기력하게 가라앉은 마음을 뜻하며 몸과 마음 모두를 무겁게 하여 활기가 없는 상태를 말합니다. 졸음이 오는 경우가 혼침에 해당합니다. 해태란 명상을 하고자하는 의욕이 없는 경우에 해당하는데 만약 피곤하지 않은데도 명상 중에 자꾸 졸음이 온다면 내적으로 게으름을 피우고 있는 상태이거나 명상을 하고자 하는 마음이 약해져서 졸음이 온다고 볼 수 있을 것입니다.

명상 시 계속해서 졸음이 오는 것을 해결하기 위해서는 먼저 자신이 졸고 있다는 사실을 알아차리는 것이 필요합니다. 명상은 대상에 대해 지속적으로 집중하는 고도의 정신활동이므로 몸이 그다지 피곤하지 않더라도 계속해서 대상에 집중하다보면 몸과 마음이 흐트러지면서 자신도 모르게 잠에 빠질 수 있습니다. 이때 자신이 졸고 있다는 사실을 알아차린 후 자신의 몸을 살펴보면 대부분 자세가 흐트러져서 허리가 굽어져 있는 것을 볼 수 있습니다. 졸음에서 벗어나기 위해서는 먼저 허리를 곧추세워 자세를 바로 잡은 후 심호흡을 몇 번 하는 것이 좋습니다. 자세를 바로 잡은 후에도 계속 졸음이 온다면 살짝 눈을 떠 빛이 들어오게 하는 것도 간단한 방법입니다. 명상의 대상을 바꾸어 보는 것도 좋습니다. 즉 자신이 집중하고 있는 현재 명상의 대상에서 다른 대상으로 옮겨서 집중하는 것입니다. 그럼에도 계속해서 졸음이 온다면 천천히 일어나 동적 명상을 하는 것이 좋습니다. 동적 명상의 경우 자신이 주로 하고 있는 명상이 좋습니다. 대체로 걷기명상이나 스트레칭 등 몸을 쓰는 명상이 이에 해당합니다.

일상생활에서 자신의 일을 하면서 명상을 해야 하는 현대인의 경우 하루에 특정 시간을 정해놓고 규칙적으로 명상을 하는 것이 좋습니다. 명상할 때는 느닷없이 찾아오는 졸음에서 벗어나고자 노력해야 합니다. 따라서 정적 명상의 경우, 식사 직후 보다는 식전과 같이 공복에 하는 것이 좋습니다. 과음을 했거나 잠을 잘 자지 못해서 피곤한 경우라면 명상을 할 때 졸릴 가능성이 많습니다. 이때에는 무리하게 명상을 하기 보다는 쉬는 것이 바람직하다고 할 수 있습니다. 경우에 따라서는 명상 도중 잠깐 졸음에 빠지게 되면 오히려 푹 쉰 것처럼 심신이 상쾌해지는 경우도 있습니다. 그럼에도 지속적으로 졸음이 오는 경우 잠을 잘 것을 권유합니다. 단 마음속으로 미리 깨어날 시간을 정해놓고 잠을 자는 것이 후에 마음을 다스리는 데 도움이 됩니다.

참조 '좌선'은 2번, '정적 명상'은 21번, '동적 명상'은 31번, '걷기명상'은 35번의 답변을 참조하시면 도움이 됩니다.

082 가만히 앉아있어서
소화가 안 되는 느낌일 땐?

소화불량이 좀 있어서 앉은 자세로 명상을 하고 있으면 위장이 눌리고 명치 부분이 갑갑할 때가 있어요. 이런 불편함을 해소시킬 방법이 있을까요?

일반적으로 위장 상태가 안 좋아 소화불량과 같은 잔병이 있는 경우 명상을 통해 이를 해소하는 것은 쉽지 않습니다. 왜냐하면 명상은 몸을 치료하는 것이 우선이 아니기 때문입니다. 최근 들어 단전호흡과 같은 명상을 통해 치유의 사례가 있다고는 하지만 엄밀히 얘기해서 명상은 신체의 병을 치유하고자 하는 것이 아닙니다. 물론 명상을 하다 보면 심신이 이완되어 신체가 치유되는 사례가 다수 있기는 하지만 이를 우선에 놓고 명상을 하고자 하는 것은 주객이 바뀐 것이라고 볼 수 있습니다. 명상은 어느 정도 건강한 신체를 전제로 합니다. 일신의 건강이 전제되어야만 집중할 수 있기 때문입니다. 신체에 질병이 있는 경우에는 먼저 전문의와 상담해서 치료를 할 필요가 있습니다.

그럼에도 명상에는 집중을 통한 이완효과와 치유기능이 있습니다. 치유는 몸과 마음을 아우르는 용어입니다. 앞에서 말했듯이 명상을 무조건 치유의 한 방법으로 생각할 수는 없습니다. 아이러니하게도 명상을 함으로써 치유를 할 수도 있겠지만 그것은 어디까지나 결과적인 것입니다. 우리의 마음은 무언가를 하기 위해 늘 애쓰기 때문입니다. 이것은 우리 마음의 메커니즘입니다. 마음은 늘 이리저리 떠돌면서 어떤 사건을 해결하기 위해 애씁니다. 심지어 명상에 숙련된 사람조차도 우선적으로 자신의 몸과 마음을 치유의 대상으로 두기가 어렵습니다. 따라서 명상을 통해 몸을 치료하고자 애쓰지 마십시오. 명상을 무심無心으로 하다보면 어느 순간 자신도 모르게 치유되는 경우도 있습니다.

평소에 소화불량이 없는데 앉기만 하면 배가 더부룩하고 명치가 답답하다면 자세의 문제일 수 있습니다. 정좌명상의 경우는 허리를 꼿꼿이 펴야하는데 몸이 앞으로 숙여지면 이런 증세가 나타날 수 있습니다. 정좌가 어려우면 누워서 하는 것도 하나의 방법일 것입니다.

평소 소화불량이 있다면 명상을 통해 소화불량 자체를 해결하기는 쉽지 않습니다. 다만 이런 증상이 특정 질병 없이, 마음의 문제 때문에 생긴 것이라면 명상을 통해 어느 정도 해소할 수 있습니다. 즉, 호흡이나 대상에 집중하다가 어느 순간 불편함이 있는 위장의 감각에 주의를 기울일 수 있을 것입니다. 이때 마음을 편하게 갖고 불편한 대상을 별다른 생각 없이 주시하는 것이 중요합니다. 그냥 위장에서 생겨나는 불편함의 특성, 예를 들어 더부룩한 느낌, 눌리는 느낌,

명상을 무심(無心)으로 하다 마음이 없이 명상을 하라는 것은 무언가 이루려고 하는 기대나 욕심을 갖고서 명상하지 말라는 것이다. 몸의 불편함을 없애거나 치료하고자 하는 생각 없이 명상에 몰입하는 것이 중요하다. 무언가 이루려고 하면 오히려 그 애씀으로 인해 명상 대상에 마음을 두기가 어렵기 때문이다.

막힌 듯한 느낌 등을 알아차립니다. 불편하면 불편한 대로 편하면 편한 대로 그 느낌에 마음을 두는 것이 중요합니다. 그러다 보면 일시적인 심신문제는 대부분 해결됩니다.

　마지막으로 위장에 문제가 있든 없든 식사 직후 정적 명상은 피하는 것이 좋습니다. 가뜩이나 졸리기도 하지만, 명상을 잘하기 위해 지나치게 애쓰는 경우 오히려 위장에 부담이 되어 소화가 잘 안 될 수도 있습니다. 식후에는 잠시 휴식을 취한 후 동적 명상이나 걷기 명상과 같은 움직임이 있는 명상을 시도하는 것이 좋습니다.

명상할 때 무릎이 아프거나 다리가 저리면 집중하기가 상당히 어려운데. 이럴 땐 어떻게 하는 게 좋은가요? 이럴 때 극복할 수 있는 방법이 있을까요?

정적 명상을 할 때 의자나 바닥에 앉아서 하는 경우가 대부분입니다. 특히 바닥에 앉아서 하는 경우 결가부좌 혹은 반가부좌를 하게 되면 동일한 자세로 장시간 가만히 앉아 있어 무릎이 아프거나 다리가 저려 집중하기가 어렵습니다. 그러나 명상을 할 때는 되도록 움직이지 않는 것이 좋습니다. 움직이게 되면 명상 대상에 집중된 마음이 흐트러지기 때문입니다.

따라서 명상 중에 다리가 불편해도 움직이지 않는 것이 좋습니다. 초보자의 경우는 20분~30분 정도 앉아있으면 다리가 저린 경우가 많습니다. 보통 다리가 저린 후 조금 지나면 특정부위에 통증이 생겨납니다. 우리는 일상생활을 할 때 조금의 가려움이나 통증을 느끼면 무의식적으로 바로 긁거나 움직여서 가려움이나 통증에서 벗어나고자 합니다. 이렇게 자동적인 습관에 젖어 있으므로 명상 도중 자세를 자기도 모르게 바꾸려고 합니다. 초보자들은 처음에 이를 참으라고 지시를 받음에도 불편하다고 일단 느껴지면 곧 부정적 생각이 떠오릅니다. 이를테면 '이러다 다리가 마비되거나 쥐가 나서 움직이지 못하는 게 아닌가'라는 걱정으로 생각이 확산되어 바로 자세를 바꾸는 경우도 많이 있습니다. 되도록 참아야겠지만 명상을 진행하지 못할 정도로 통증이 일어나는 경우에 가능한 천천히 움직이면서 자세를 바꾸는 것이 좋습니다. 천천히 자세를 바꾸면서 몸과 마음의 변화가 어떻게 느껴지는지를 알아차립니다.

초보자의 경우 통증이 일어나는 것을 싫어하기 때문에 다리가 아픈 것을 참으면서 명상하지 않으려고 합니다. 즉, 통증에 대한 무조건적 기피입니다만 통증을 참으며 명상하는 것은 힘든 고행이 아니며 통증에 대한 우리의 마음가짐을 살펴볼 수 있는 좋은 기회가 될 수 있습니다. 앞에서도 언급했듯이 우리는 조금의 통증도 못견뎌하기 때문입니다. 통증이 일어나는 곳에 마음을 두고 관찰을 하게 되면 어느 순간 통증이 사라지는 것을 경험할 수도 있습니다. 또한 통증의 구체적인 감각을 관찰 대상으로 하면 집중력 향상에도 도움이 됩니다. 나아가 일단 통증에 대한 불편한 고비를 넘기면 좀 더 자유롭게 명상에 집중할 수 있으므로 통증을 싫어하고 없애려는 마음가짐 보다는 지속적으로 알아차리고자 노력하는 것이 좋습니다.

정리를 해보면, 무릎이나 다리의 저림이나 통증이 일어났을 경우 즉시 자세를 바꾸지 말고 그 통증에 마음을 집중해봅니다. 그리고 통증에 대해 알아차림을 가지고 계속 관찰합니다. 통증이 일어난 후 대부분 이러다 몸에 탈이 나는 게 아닌가 하는 걱정이 생기면 이 것 또한 지나가는 생각이라고 여기십시오. 그럼에도 도저히 견딜 수 없어 자세를 바꿀 때에는 아주 천천히 통증 부위의 느낌에 집중하면서 자세를 바꾸는 것도 괜찮습니다.

평소 장시간 앉을 수 없을 정도로 다리가 불편하거나, 명상을 진행하면서 도저히 다리의 통증 때문에 오래 앉을 수 없는 경우에는 의자에 앉아서 하는 것도 하나의 방법입니다. 의자에 앉아 명상하는 경우에도 신체의 다른 부분에 통증이 일어날 수 있으므로 이때 역시 자세를 무조건 바꾸지 말고 알아차림을 가지고 관찰하면서 바꾸는 것을 유념하십시오.

084 호흡명상 중에 두통이 생기면?

호흡명상을 하다 보니 머리가 굉장히 아프기도 하고 머리가 무겁게 느껴질 때도 있는데 어떻게 해야 되죠? 잘못된 방법으로 하고 있어서 그런 걸까요?

호흡명상을 하는 방법에는 몇 가지가 있습니다. 먼저 호흡을 한번 들이쉬고 내쉴 때마다 호흡의 수를 세는 수식관이 있습니다. 또한 코끝혹은 인중 부위에서 호흡이 드나들 때 느껴지는 감각에 집중할 수도 있고, 숨을 들이쉬고 내쉴 때 마다 배가 오르락내리락 하는 느낌에 집중할 수도 있습니다. 수식관처럼 호흡이 들어오고 나갈 때 수를 세거나, 호흡에 대한 마음챙김처럼 그때그때 몸에 생겨나는 느낌을 관찰하는 것 모두 호흡명상에 속합니다.

초보자의 경우 처음에 자신의 호흡을 의식하려고 하면 호흡이 답답하고 부자연스럽게 느껴집니다. 왜냐하면 우리는 보통 때 호흡에는 전혀 신경 쓰지 않기 때문입니다. 긴장을 할 때 우리는 자신도 모르게 한숨을 쉰다거나 심호흡을 하는 경우가 많습니다. 호흡은 자율적으로 이루어져 이완시키기도 합니다만 초보자는 호흡에 집중하는 것이 힘들 수도 있습니다.

수식관의 경우 호흡을 셀 때 두통이 생긴다면 지나치게 호흡 세는 것에 치중해서 과도하게 애를 쓰면 그럴 수 있습니다. 지나치게 집중하고자 노력하면 몸과 마음이 지치게 되어 머리가 아프거나 무겁게 느껴질 수 있습니다. 또한 두통이나 머리가 무거운 것을 느끼고 내가 왜 머리가 아픈지를 꼬리에 꼬리를 물고 생각하지 않는 것이 좋습니다. 지나치게 애를 쓰는 마음을 내려놓고 자연스럽게 호흡을 하게 되면 나아지는 경우가 많습니다. 여러 가지 생각이 일어나는 경우에도 그 생각을 알아차리고 그냥 흘려보내는 것이 좋습니다.

아울러 호흡을 인위적으로 통제하는 경우에도 두통이 생기기 쉽습니다. 일반적인 호흡명상에서는 호흡을 통제하지 않지만, 경우에 따라 들숨과 날숨의 길이를 임의로 조절하고자 할 때 호흡부족 혹은 과호흡으로 가슴이나 어깨가 경직되기도 하고, 이때 산소부족 현상이 생겨 두통이 발생할 수 있습니다. 보통 호흡명상에서는 호흡을 인위적으로 조절하지 않고 호흡이 들고 나가는 것만 주시하는데, 이때 너무 애를 쓰게 되면 자신도 모르게 호흡을 통제할 수도 있으므로 다른 명상과 마찬가지로 호흡명상을 할 때도 잘하려고 애쓰는 대신 마음을 편안히 해서 자연스럽게 호흡을 합니다. 호흡명상의 핵심은 '호흡을 하는 것'에 있는 것이 아니라 호흡하는 것을 '아는 것'에 있습니다. 특히, 들숨의 양과 날숨의 양이 적절하게 조화로운 것이 중요합니다. 힘을 주면 이 균형이 깨지기에 부작용이 일어납니다. 따라서 무엇인가를 반복적으로 힘주어 보려하기보다 자연스럽게 놔두는 것이 호흡을 편안하게 만들어 줄 것입니다. 호흡은 자기가 알아서 하라고 하고 아는 마음만 살짝 얹는 것이 핵심입니다.

경우에 따라서 두통의 원인이 신체적·심리적 피로로 인한 경우도 있을 수 있습니다. 즉, 과로해서 피곤하거나 심리적 스트레스 등으로 힘이 들 때에는 무리하게 호흡명상을 하기 보다는 이완명상을 통해 몸을 이완시키는 것도 좋은 방법이 될 수 있습니다. 일시적 현상이 아니라 지속적으로 호흡명상 도중 두통이 일어난다면 호흡을 관찰하는 대신 머리의 통증을 대상으로 삼는 것도 하나의 방법입니다. 두통에 마음을 두고 있는 동안 호흡은 자연스럽게 진행되므로, 의식적인 호흡이 두통의 원인이었다면 자연스럽게 문제가 해결될 것입니다.

만약 명상도중 지속적으로 두통이 일어난다면 명상 지도자와 상의하는 것도 필요합니다. 명상을 하지 않는 일상생활에서도 머리가 무겁거나 두통이 일어난다면 전문의의 진료를 받는 것이 좋습니다.

참조 '호흡명상'은 22번, '이완명상'은 23번, 명상할 때의 호흡은 28번, '두통'은 65번의 답변을 참조하시면 도움이 됩니다.

085 명상 도중 허리가 아플 땐?

반듯하게 앉은 자세로 명상하다가 허리가 아플 땐 자세를 바꿔줘도 상관없는 건가요? 허리 통증이 생기지 않게 하는 방법이 있다면 알고 싶네요.

보통 정적 명상은 의자에 앉거나 바닥에 앉아서 합니다. 어디에서 하든지 허리를 곧게 펴는 것이 중요합니다. 의자에 앉아 명상하는 경우에도 등받이에 기대지 않는 것이 중요합니다. 등받이에 기대면 졸음이 오기 쉽고 집중하기 어렵기 때문입니다. 등을 반듯하게 펴고 허리를 세우면 혈액순환이 원활하게 되면서 차분해집니다. 초보자의 경우 평소 익숙하지 않은 탓에 등을 곧추 세우는 것이 어려울 수도 있지만 지속적으로 하다보면 등을 세우는 것이 편해집니다.

　　　명상 도중 허리가 아픈 경우는 보통 잘못된 자세에서 기인합니다. 자신은 허리를 곧추세웠다고 생각해도 등이 굽어있는 경우가 많습니다. 처음에는 바른 자세로 명상을 시작하더라도 어느 새 자신도 모르게 몸이 앞으로 숙여지는 경우가 많습니다. 이 경우 머리의 무게 때문에 머리가 앞으로 쏠리면서 목이 굽어지고 이에 따라 등이 휘어지면서 가슴에 압박이 있게 됩니다. 목과 가슴이 앞으로 쏠리므로 호흡에도 어느 정도 지장이 있으며 자연스레 척추에 무리가 가서 허리에 통증이 생길 수 있습니다. 이를 해결하기 위해서는 등을 곧게 펴고 목과 머리를 척추와 일직선상에 있게 하여 척추에 가해지는 압력을 최소화합니다. 팔은 자연스럽게 내려 배 앞쪽에서 모아줍니다. 되도록 명상 시작 시 자신에게 맞는 올바른 자세를 기억해두어 명상할 때 머리가 앞으로 쏠린다거나 등이 아프고 허리에 통증이 있을 경우 맨 처음의 자세로 돌아갈 필요가 있습니다. 이때 천천히 알아차리면서 등을 펴고 허리를 세우는 것이 좋습니다. 어느 정도의 통증은 오히려 우리를 집중하게 하기 때문에 심하지 않는 경우 그 통증을 관찰하는 것이 좋습니다.

만약 허리를 세우고 등을 펴서 자세를 바로 잡은 후에도 지속적으로 통증이 느껴진다면 너무 오랫동안 앉아 있어서 허리에 무리가 가서 그럴 수 있습니다. 이때 천천히 일어나 스트레칭을 하거나 걷기명상을 해서 몸을 풀어줄 필요가 있습니다. 몸을 풀어준 후에는 다시 자리에 앉아 명상을 진행해봅니다. 통증이 지속적으로 느껴져 힘이 들면 방석을 사용하는 것도 좋습니다. 엉덩이 쪽에 방석을 접어 엉덩이 부분을 높여주거나, 양 무릎이 바닥에 닿지 않아 떠있는 경우 무릎 아래에 방석을 접어 받쳐주면 몸의 무게가 엉덩이나 무릎 쪽으로 쏠리는 것을 분산시켜주므로 통증 완화 효과가 있습니다. 대부분 허리 통증은 초보자에게 많이 일어나는 증상이므로 어느 정도 익숙해지면 사라지는 증상입니다.

다만 원래 몸이 좌우 비대칭이거나 허리에 디스크 증세 등이 있어서 오래 앉아 있을 수 없을 때는 누워서 명상을 하거나, 몸에 무리가 가지 않는 동적 명상을 자신의 몸에 맞게 하는 것이 좋습니다.

086 가슴이 답답해지면?

명상을 해보니까 가슴이 답답해질 때가 있던데 왜 그런 걸까요? 제가
뭔가 잘못 해서 그런 거겠죠? 그런 느낌이 들 때는 어떻게 해야 되나
요? 명상을 중단해야 할까요?

일반적으로 명상을 할 때 목 부위가 긴장되거나 가슴이 답답해지는
경우가 있습니다. 이에 대해서는 호흡명상과 간화선으로 나누어 각
각 설명해보겠습니다.

먼저 호흡명상의 경우에는 자신도 모르게 지나치게 애를 쓸
때 이런 느낌이 나타날 수 있습니다. 원래 호흡명상을 제대로 행하다
보면 자연스럽게 이완이 되어 신체의 여러 부위에서 느껴지는 감각
이 편안해집니다. 명상에 익숙한 숙련자의 경우 가슴이 답답해진다
면 신체의 컨디션이 안 좋을 때 무리해서 하는 경우에 그럴 수 있습
니다. 한편 비숙련자의 경우에는 잘 관찰하고자, 잘 집중하고자 힘을
주는 등 너무 애를 쓰면서 명상을 할 때 그런 느낌이 올 수 있습니다.
너무 열심히 하고자 하는 의욕으로 인해 자신도 모르게 긴장이 되면

서 호흡이 거칠어지고 가슴이 답답하거나 두통이 생길 수 있습니다. 이럴 경우는 자신의 몸을 좀 더 이완시켜줄 필요가 있습니다. 천천히 숨을 크게 들이쉬고 크게 내쉬는 것을 대 여섯 차례 반복하게 되면 가슴이 답답한 것이 좀 나아지면서 몸의 긴장도 풀리게 됩니다. 이때 자신이 숨을 크게 들이쉬고 내쉬는 것을 알아차리면서 하는 것이 필요합니다.

몇 번 숨을 크게 들이쉬고 내쉬는 것을 반복해도 가슴이 계속 답답하다면 앉은 자세가 바르지 않은 경우 그럴 수 있습니다. 명상 중에는 자신의 고개가 천천히 앞으로 숙여져서 등 뒤쪽의 근육이 당겨져서 가슴을 압박할 수 있습니다. 따라서 호흡명상의 경우 바른 자세를 유지하면서 너무 긴장하지 않은 태도를 가지고 평상시 호흡하던 리듬대로 자연스럽고 편안하게 들이쉬고 내쉬는 것이 중요합니다. 숨을 참을 필요도 없고, 숨을 조절할 필요도 없습니다. 자연스럽게 자신의 호흡이 일어나고 사라지는 것을 관찰하면서 다시 명상을 계속하면 됩니다.

간화선을 하는 경우에도 가슴이 답답한 경우를 느낄 수 있습니다. 이때에는 이것이 자연스러운 현상이라고 생각하고 명상 주제인 화두에 지속적으로 집중하는 것이 좋습니다. 간화선은 앞에서도 설명했듯이 화두를 푸는 것이 핵심입니다. 우리가 어떤 문제에 몰두하여 문제를 풀려고 할 때는 자연스레 몸이 긴장하는 경우가 많습니다. 이 경우 문제에 몰두해 있기 때문에 자신의 몸이나 마음이 긴장해 있다는 사실도 모르는 경우가 많습니다. 간화선의 경우 문제가 꼭 풀리리라 확신하는 대신심大信心, 문제에 대한 대의심大疑心, 문제를 꼭 풀고야 말겠다는 대분심大憤心이 중요한 요소이므로, 화두를 푸는 과정에서 분심憤心을 일으켜 몸과 마음이 긴장하게 되면서 호흡이 거칠어지는 경우가 많이 있습니다. 즉, 문제가 잘 풀리지 않아서 조바심이나 답답함이 일어날 수도 있지만, 간화선명상의 한 과정이라고 생각하고 차분하게 앉아 화두에 집중하는 것이 중요합니다. 호흡명상 등은 현재 나타나는 대상을 지속적으로 알아차리는 데 초점을 맞추지만 이와 달리 간화선은 우리의 두뇌활동을 극한으로 밀어붙이는 경향이 많습니다. 그러다 보면 초보자의 경우 과도한 스트레스에 못견디하는 경우도 있으며, 화두에 집중이 안 된 상태에서 다른 생각에 빠지는 경우도 많습니다. 간화선에서는 자신에 맞는 화두를 잡는 것이 중요하므로 초보자일수록 처음부터 전문가의 지도하에 명상에 임하는 것이 좋습니다. 지속적으로 화두에 집중하기가 어렵거나, 답답함을 느낀다면 전문가의 지도를 받아 화두를 바꾸는 것도 하나의 방법입니다.

참조 가슴이 답답해지는 현상은 두통과 유사한 원인을 갖고 있으므로 84번의 답변을 참조하시면 도움이 됩니다.

087 몸이 뻣뻣하게 긴장될 땐?

평소에 긴장을 잘 하는 편이어서 몸이 뻣뻣해질 때가 종종 있는데요.
명상을 하면 이완될 줄 알았는데 오히려 더 긴장되거나 몸이 더 뻣뻣
해질 때가 있더군요. 그럴 땐 어떻게 해야 해결될까요?

평소에 긴장을 잘하는 사람의 경우 명상이 많은 도움이 될 수 있습니
다. 명상은 몸을 이완시키는 효과가 있기 때문입니다. 그러나 명상을
처음 시작하는 초보자의 경우 애쓰려는 마음이 지나치면 오히려 몸
의 긴장을 일으켜 명상자체가 힘들 수 있습니다. 명상에 대한 기대치
가 클수록 잘하려는 마음이 강해져 욕심을 부리게 되므로 이러한 마
음을 내려놓고 하는 것이 좋습니다.

　　미국 매사추세츠 의과대학의 존 카밧진 박사는 불교의 마음
챙김 명상을 응용해서 MBSR 프로그램을 만들었는데, 마음챙김 명상
을 할 때의 기본태도로서 판단하려고 하지 말라, 인내심을 가져라, 지
나치게 애쓰지 마라, 내려놓아라 등의 7가지를 들고 있습니다.

　　이 중 하나에 속하는 '지나치게 애쓰지 않음'이 몸과 마음의

긴장을 푸는 데 도움이 될 수 있습니다. 우리는 일상생활에서 늘 어떤 목적을 가지고 행동합니다. 그러다 보니 명상을 할 때도 어떤 목적을 달성하기 위해서 하곤 합니다. 사람마다 명상을 하는 이유가 조금씩 다르겠지만, 사회에서 무엇인가를 얻으려고 하듯이 명상을 통해 목적을 이루고자 합니다. 이를테면, '나는 이완하고자 한다.', '깨달음을 얻고자 한다.', '더 좋은 사람이 되고자 한다.' 등의 생각을 가지고 명상에 임합니다.

이러한 태도는 명상을 더욱 어렵게 합니다. 평소 우리의 삶처럼 목적을 가지고 명상을 하려는 태도로 인해 더 긴장하게 되고 몸이 뻣뻣해지는 것입니다. 즉, '명상을 하면 이완될 줄 알았는데……'와 같은 태도가 바로 명상 자체에 목적성을 부여하고 그럼으로써 애쓰는 행위로 탈바꿈되어 명상을 어렵게 만드는 것입니다.

따라서 긴장을 하고 있으면 자신이 긴장하고 있다는 사실을 알아차리고 오로지 현재 명상의 대상에 다시 주의를 기울이는 것이 필요합니다. 결과를 얻으려고 하는 마음이 앞서 있다면 그 마음을 알아차리고 현재의 명상 대상으로 돌아옵니다. 이러한 과정을 반복하다 보면 뻣뻣한 긴장에서 벗어나 이완되고 있는 자신을 발견하게 될 것입니다. 억지로 애쓰는 마음을 놓는 것이 올바른 명상의 시작이라고 하겠습니다.

경우에 따라, 자신이 느끼는 뻣뻣함이나 단단함이 육체로서의 몸[물질]이 갖는 기본적 특성 중 하나이므로 이를 명상의 대상으로 삼는 것도 방법입니다. 즉, 뻣뻣하게 느껴지는 부위가 정확히 어느 부위인지 강도는 어느 정도인지를 아는 것도 명상이 될 수 있습니다. 장

장애 명상을 오랫동안 하다 보면 몸이 불편해지면서 이를 피하고자 하는 욕구가 생긴다. 일례로 명상 중 다리가 저려오면 자신도 모르게 이를 피하려고 자세를 바꾸고자 하는데, 이 경우 다리저림과 같은 장애를 명상 대상으로 삼아 관찰하는 것이 필요하다.

애라고 생각하여 벗어나고 피하고 싶어 하는 욕구에 대해, 이를 알아
차리고 오히려 장애를 만나보는 것도 좋은 명상법이 될 수 있습니다.

참조 MBSR에 대해서는 19번, 38번의 답변을 참조하시면 도움이 됩니다.

088 몸이 붕 뜨는 느낌이 들 땐?

집중하고 앉아서 명상을 하다보면 제 몸이 공중으로 붕 떠오르는 것
같은 느낌이 들기도 합니다. 이런 게 흔히 말하는 공중부양이라는 건
지, 이럴 땐 어떻게 하면 되는지 궁금합니다.

요즘 인터넷 동영상을 통해 흔히 찾아볼 수 있는 것이 공중부양 마술
입니다. 대표적인 공중부양 마술을 보면 펑퍼짐한 도사 복장을 한 사
람이 공중에서 1미터 이상 떠서 지팡이를 잡고 가부좌 자세로 있습니
다. 많은 사람들은 이 현상을 신기해 하며 그 원리에 대해 궁금해 합
니다. 어떻게 마술사는 중력을 거슬러 공중에 떠있는 것이 가능할까
요? 이 마술사는 지팡이에만 의존해서 떠있는 것 같지만 실제로는
지팡이와 의자가 합쳐진 기구위에 앉아 있는 것입니다. 입소문으로
공중부양을 봤다는 소문은 전해지지만 실제로 공중부양을 입증하는
증거는 나오지 않고 있습니다.

그렇다면 마술사의 속임수 말고 실제로 명상 중에 아무런
보조 장치 없이 몸이 떠오르는 것이 가능할까요? 지구상에 존재하는

모든 물체는 중력의 영향을 받습니다. 중력을 거슬러서 움직이는 것은 새나 비행기처럼 공기에 대한 상대적 움직임이 있는 경우가 해당합니다. 새는 날개를 상하로 움직여서 날고 비행기의 날개는 공기의 양력揚力을 이용해서 납니다. 이처럼 지구상에서 중력을 거스르는 것은 자신의 운동을 통해서만 가능합니다.

　　따라서 공중부양이 실제로 일어난다면 중력에 반하는 어떤 상태가 존재한다는 것입니다. 즉, 자신이 명상상태에 있으며 이때 몸에 어떤 변화가 일어나 반중력 상태를 만들어 공중으로 뜬다는 것입니다. 그런데 이러한 현상이 깊은 명상 중에 일어난다고 착각합니다. 자신도 모르는 사이에 자신이 공중에 떠있었다고 하는 체험을 얘기하는 사람들이 있습니다. 만약 실제로 공중부양이 가능하다면 명상

중에 신체에서 어떤 반중력을 일으키는 물질이 나온다고 가정할 수도 있겠습니다. 그러나 명상 중에는 그런 물질이 나오지 않습니다. 몸이 공중에 떠있는 듯한 느낌이 물질적 경험이 아니라면 무엇일까요? 바로 정신적 경험에 불과한 것입니다.

깊은 명상 중에는 여러 가지 환상이 일어날 수 있습니다. 따라서 자신이 공중에 떴다고 느끼는 것은 말 그대로 몸이 허공에 뜬 것이 아니라 자신의 몸이 떴다고 생각하는 것입니다. 그들은 조용히 앉아 명상에 집중해 있다 보면 어느 순간 자신이 공중에 떠 있는 체험을 했다고 합니다. 어떤 것이 이런 환상을 일으키는 것일까요?

과학자들은 명상상태에서 귀의 반고리관의 기능이 떨어져 무중력 상태를 느낄 수 있다고 합니다. 반고리관은 신체의 균형을 담당하는 3개의 고리 모양의 관이며 움직이기 시작할 때나 속도가 변화할 때 운동상태를 감지하는 역할을 하는데, 바로 이 관이 명상상태에서 자신의 몸이 떠있는 것으로 착각하게 만들 수 있는 것으로 추정하고 있습니다.

또한 몸은 물질로 이루어져 있으므로, 물질의 특성 중 가벼움과 무거움을 가지고 있습니다. 명상 도중 몸이 가벼워졌다고 느낄 때 공중부양이라고 생각할 수 있습니다. 반복해서 경험하는 경우에는 눈을 뜨고 보거나, 손으로 바닥을 짚어보는 것도 하나의 방법입니다. 따라서 자신의 몸이 떠오르는 느낌이 들면 놀라거나 반대로 즐기는 대신, 이를 알아채고 자신의 현재 명상주제인 대상으로 다시 돌아오면 곧 사라지게 됩니다.

089 몸이 제멋대로 움직이거나 사라진 것 같을 때는?

결코 의도하지 않았는데도 명상 중에 몸이 제멋대로 마구 움직일 때가 있어요. 그럴 땐 겁이 나기도 하는데, 왜 그러는 거죠? 어떻게 해야 이런 현상을 없앨 수 있어요? 또 집중이 아주 잘 되는 날에는 몸이 사라지고 없는 것 같은 느낌이 들 때가 있는데, 다른 사람들도 그런가요?

명상 중에는 몸이 제멋대로 움직이는 경우도 있고 몸의 감각이 사라지는 경험을 하는 경우도 있습니다. 보통 때 몸은 자신의 의지대로 움직이기도 하지만 명상을 할 때 자신의 의지와 무관하게 움직이는 경우도 있습니다.

먼저 몸이 움직이는 경우를 보면, 몸이 앞뒤로 왔다 갔다 하거나, 척추를 중심으로 몸이 도는 경우도 있고 심지어는 자신의 몸이 앉은 채 쿵쿵 뛰는 것처럼 느끼는 경우도 있습니다. 몸이 왜 움직이는 걸까요? 신체에 이완감이 증가하게 되면 몸이 움직일 수 있습니다. 이때 희열감piti이 나타날 수 있습니다. 몸의 이완과 마음의 이완이 균형을 이루지 못할 때 몸이 흔들릴 수 있는데, 두려워하지 말고 그 움직임에 마음을 두는 것이 방법입니다. 즉, 억지로 몸을 움직이지 않게

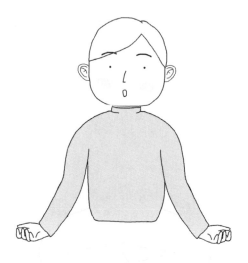

하기 보다는 몸이 움직이는 것을 알아채고 그 상태도 그냥 지나간다고 생각하는 마음가짐을 갖는 것이 중요합니다. 그러다 보면 몸의 진동이나 제멋대로 움직이는 것이 서서히 사라집니다. 많은 수행자가 경험하는 것이니 염려하지 않아도 좋습니다.

어떤 경우에는 몸의 일부 또는 전체가 사라진 것 같은 느낌이 들기도 합니다. 어떤 사람들은 명상 도중 공간과 시간이 초월된 느낌이 든다고 하기도 합니다. 이 경우에는 흠칫 자신의 몸이 사라져서 자기가 없어지는 두려움이 드는 경우도 있습니다. 우리는 신체를 기반으로 움직이기 때문에 눈을 감았을 때도 몸이 있다고 생각합니다. 그리고 몸에서 여러 가지 느낌을 받습니다. 그런데 명상을 하면서 명상 대상에 집중하다보면 어느 순간 몸의 각 부분에서 생겨나는 감각이 없다는 느낌이 듭니다. 즉, 몸 전체에서 대상을 지각하는 느낌이 없다고 생각하는 것입니다. 이 때 마치 몸이 마취된 것처럼 몸의 감각이 느껴지지 않기도 하고, 자신의 몸이 완전히 사라졌다고 느끼기도 합니다. 이것 또한 명상 중에 일어날 수 있는 자연스런 경험입니다. 한 곳에 집중하다 보면 다른 곳에 대한 감각은 느껴지지 않는 무감각의 상태에 있기 때문입니다. 잘못하면 두려움이 일어나 자신이 없어졌다고 생각하는 경우도 있습니다. 이런 체험을 하게 되면 놀라서 명상 중에 바로 깨어나려고 하는 경우도 많습니다. 일단 두려운 생각이 들면 자신도 모르게 빨리 명상 상태에서 벗어나고자 하는 것입니다. 이때에는 호흡이 느껴지는지 확인해보고 호흡이 느껴진다면 자신의 몸이 실제로 사라진 것이 아니라는 것을 확인할 수 있습니다. 이러한 현상은 대부분의 경우 우리의 마음 작용이기 때문입니다. 따라서 급작스레 깨어나고자 하기 보다는 명상 중에 일어나는 하나의 현상이라고 알아차리고 두려운 마음도 직시하면서 원래의 명상대상에 마음을 모읍니다.

마음 작용 두려움, 슬픔, 기쁨과 같은 마음이 일시적 상태를 말한다. 명상 과정 에서는 끊임없이 여러 가지 생각들이 나타나는데 이를 즉시 스쳐지나가는 마음의 작용으로 여기는 것이 중요하다.

090 평소엔 멀쩡한데 명상만 하면 아픈 경우에는?

평상시에 일상생활 할 때는 괜찮은데 명상을 할 때마다 특정한 부위가 아프고 고통스러워요. 명상이 저랑 맞지 않는 거라서 그런 걸까요? 좀 더 열심히 하면 괜찮아질까요? 어떻게 하면 좋은지 알려주세요.

명상을 하게 되면 자신의 감각이 예민해집니다. 예를 들면 일정시간 명상을 한 후에는 시각이 좋아져서 멀리 있는 물체도 잘 보이고, 후각도 개선되어 냄새도 잘 맡게 됩니다. 이러한 현상은 명상 후 우리의 신체 감각의 민감성이 증진되어 일어나는 것입니다. 또한 명상 중이나 명상 후에는 신체가 이완됩니다. 명상을 하기 전에 우리가 무의식적으로 힘을 주거나 스트레스로 인한 긴장감으로 어깨부위 등이 늘 긴장되어 있는 것이 명상을 통해 천천히 풀리게 됩니다. 스트레스나 잘못된 자세 등으로 인해 단단해진 어깨와 같은 부위는 일상생활에서는 아픔조차 느끼지 못하지만 일단 명상을 통해 이완이 되게 되면 서서히 풀려서 그전에는 몰랐던 통증을 느끼는 경우도 많이 있습니다.

이렇듯 이전에는 알든 모르든 무시했던 자기 몸의 여러 느낌에 민감해집니다. 일단 이완이 되면 평소 자신이 긴장하던 부위도 알게 되므로 그 부위에 느낌이 민감해져 금방 변화를 알아차릴 수 있습니다. 결국 평소 아프지 않았던 부위가 명상을 해서 아파지는 것이 아니라 명상을 통해 민감성이 증가하면서 아팠던 부분을 비로소 느끼는 것입니다.

만약 지속적으로 아픈 부위가 있다면 어디가 어떻게 아픈지 확인해볼 필요가 있습니다. 명상이 통증의 원인인지, 명상을 통해 민감성이 증대해서 그동안의 간과하던 통증이 느껴지는 것인지 확인해야합니다. 명상이 통증의 원인이라면 자세나 명상 방법에 대한 점검이 필요합니다. 아직 익숙하지 않은 자세나 과도하게 힘이 들어간 결과일 수도 있습니다. 필요하다면 통증의 강도와 지속 시간 등을 체크하여 명상 전문가와 상의하는 것이 좋습니다. 물론 일상생활에서도 계속 아픔이 지속되면 병원에서 전문의의 상담을 받아야 합니다. 이런 경우를 제외하면 보통 명상 초보자들이 명상에 적응하는 과정상의 문제라고 볼 수 있습니다.

또한 정적 명상과 동적 명상을 병행하여 특정 명상시 자극되는 부위에 변화를 주는 것도 한 가지 방법일 것입니다. 일반적으로 정적 명상을 하면 허리나 엉덩이 아랫부분 및 다리의 특정한 부위에 자극이 있을 수 있습니다. 한편 동적 명상인 요가, 태극권 등을 하는 경우 초기에는 평소에 사용하지 않는 부위가 사용되어 아픔을 느낄 수 있습니다. 이런 경우 지속적으로 명상을 하게 되면 신체가 적응이 되어 더 이상 통증과 같은 불편함을 느끼지 않게 됩니다. 따라서 명상의 방법과 명상의 대상에 변화를 주게 되면 명상에 익숙하지 않을 때 도움을 받을 수 있습니다. 그러나 명상 초보자의 경우 명상방법이나 명상의 주제에 해당하는 대상을 수시로 바꾼다면 오히려 명상 자체에 적응을 하지 못할 수 있으므로 신중하게 해야 합니다. 중요한 것은 명상을 처음 시작할 때 자신이 하는 명상에 대해 익숙해지는 것입니다. 따라서 견딜만한 통증의 경우 이를 집중적으로 관찰하고, 그를 통해 한 단계 성숙해지는 계기로 삼는 것이 필요합니다.

091 명상할 때
불편한 기억이 떠오르면?

평소에는 잊고 살다가도 명상을 하고 있으면 기분 나쁜 과거 일들과 감정이 자꾸 떠오르네요. 그럴 때는 너무 괴로워서 회피하고 싶어집니다. 괜히 스스로를 괴롭히고 있다는 생각도 들구요. 결국은 매번 비슷한 감정의 패턴이 반복되고 있어 답답할 때가 많은데 어떻게 하면 좋을까요?

내가 원하는 대상에 마음이 머물지 못하면 마음은 과거나 미래로 방황을 시작합니다. 불편한 기억이 떠오르는 것도 마음이 대상에 온전하게 머무르지 않았기 때문일 것입니다. 또한 명상을 하다 보면 민감해진 기억작용으로 인해 미워하는 사람의 얼굴이 떠오를 때가 있습니다. 우리는 평소에 싫어하는 사람이나 감정은 외면하려는 성향이 있는데, 명상을 통해 마음이 고요히 가라앉으면 내 마음속에 밀쳐두었던 싫은 감정이나 사람이 더욱 또렷이 떠오르곤 합니다. 그것은 마치 폭우로 인해 흙탕물이 된 개울에서 물 한 바가지를 떠서 가만히 놓아두면 시간이 지남에 따라 점차로 불순물이 아래로 가라앉아서 위에는 맑은 물이 되고, 바가지 속에 들어 있는 잔돌이나 지푸라기, 나뭇잎 등이 환히 보이는 것과 같습니다.

미워하거나 싫어한다거나 기분 나빠 하는 것은 분노의 감정에 속합니다. 불교에서 분노는 탐·진·치 3독毒 중 하나로 간주되는데, 독은 나에게도 남에게도 해를 끼치기 때문입니다. 마치 활활 타오르는 불길이 주위의 모든 것을 태워버리듯이, 우리의 마음속에 타오르는 분노의 불길 또한 나와 남을 동시에 해치게 됩니다. 분노가 마음속에 일어나면 우리의 몸은 즉각적인 반응을 합니다. 호흡이 거칠어진다거나 얼굴이 붉으락푸르락 한다든가, 혹은 자신도 모르게 주먹이 불끈 쥐어진다든가 하는 것입니다. 만약 그것을 바로 알아차리지 못하면 어느 순간 손을 들어 누군가에게 폭력을 가하고 있을지도 모릅니다. 그러므로 매순간 마음의 분노를 알아차리는 것은 참으로 중요합니다. 알아차림이 익숙해지면 일상생활에서 누군가로 인해, 혹은 어떤 일로 인해 마음에 분노가 일어났을 때 그것을 즉각 알아차리게 되며 그럴 때 분노의 감정은 저절로 소멸됩니다. 감정이 일어나는 그 순간을 놓치지 않고 알아차리는 그 자체만으로도 커다란 치유법이 되는 것입니다.

우리가 명상을 하는 목적도 바로 여기에 있습니다. 단지 알아차리는 것만으로도 큰 화를 미연에 방지할 수 있는 것이 명상의 매력이라고 볼 수 있습니다. 그러니까 명상 중에 미운 사람이나 싫은 일, 기분 나쁜 과거의 일들이 떠오르는 것에 대해 두려워하거나 회피하지 말고, 이러한 과정을 통해 좀 더 성숙해진다는 마음가짐으로 대처하는 것이 좋을 듯합니다. 오로지 알아차림만이 적절한 방도가 될 수 있을 것입니다.

명상 중에 평소에 미워하는 사람이나 기억하기 싫은 일들이 떠오르면 우선 무척 힘들어집니다. 괜히 명상을 해서 이런 일을 겪는다고 후회할지도 모릅니다. 하지만 우리가 의도를 가지고 감정을 표출해 버림으로써, 내부적으로 그 싫어하거나 미운 감정들을 경험하여 해소하는 편이 일상생활에 도움이 되리라 생각합니다. 싫은 감정일수록 표출하지 않고 마음속에 꽁꽁 숨겨두면 나중에 그것으로 인해 마음의 병이 생길 수도 있습니다. 우선은 꾸준한 명상을 통하여 이런 감정들에 맞닥뜨리고 그러한 감정들과 화해하는 연습을 통해 부정적인 감정의 강도를 순화시켜 나가는 것이 필요할 것입니다. 만약 그 과정이 너무 힘들면 마음을 두는 명상의 대상을 바꾸어보거나 깊은 명상을 잠시 쉬고 빠르게 걷기명상을 하는 것도 도움이 됩니다.

092 주변이 너무 시끄러울 땐?

명상을 하다보면 주변의 소음이나 냄새 같은 것에 자꾸 마음이 쏠려서 명상에 집중이 잘 안될 때가 많은데, 그럴 땐 어떻게 해야 되나요? 주변이 시끄러울 때 효과적으로 활용할 수 있는 명상법이 있을까요?

명상 중에 차 소리나 사람들이 외치는 소리가 들리거나 어떤 냄새가 코를 자극하면, 이러한 소음이나 냄새에 마음이 쏠리게 되는 경우가 있습니다. 명상의 대상을 지켜보는 마음의 힘이 약할 때 바깥의 소리가 들려오면 주의가 그쪽으로 쏠리면서 더욱 크게 인식될 것입니다. 즉 외부의 소리가 아닌 명상의 대상에 마음이 지속적으로 모아져 있다면 외부의 자극, 예를 들어 소리라든가 냄새 등은 그다지 힘을 발휘하지 못하게 됩니다. 즉 주의를 외부가 아닌 자신의 내부에 두게 되면 바깥의 소리는 있되 그것에 주의가 가 있지 않기 때문에 소리에 휘둘리지 않게 되고, 다시 명상의 대상으로 되돌아올 수 있습니다. 싫어하거나 역겨운 냄새가 맡아져서 마음이 산란스러울 때에도 마찬가지입니다. 그런데 만약 소음이 들리거나 불쾌한 냄새가 맡아질 때 그것을 알아차리고 다시 명상의 대상으로 마음을 모으지 못하게 되면, 어느새 그러한 소리나 냄새 등에 마음이 휘둘리게 되어 여러 가지 생각들에 끌려가게 될 것입니다.

　명상을 시작한 초기에는 조용한 곳에서 명상을 하는 것이 좋겠지만, 조용한 곳만을 찾아다니는 것이 쉽지 않은 일입니다. 간혹 주변이 시끄러울 때 명상을 하다가 짜증이 일어날 수도 있습니다. 그럴 때에는 짜증스러워하는 마음을 알아차리는 것도 좋은 방법 중 하나입니다. 미얀마 마하시 스님의 위빠사나 명상법의 경우, 시끄러운 소리가 들려오면 이것을 알아차리고 '들림', '들림' 한다거나, 혹은 시끄러운 소리로 인해 짜증이 일어나면 '짜증', '짜증'이라고 이름 붙이면서 그 짜증나는 마음을 알아차리라고 권유합니다. 시끄러운 소리가 들리면, 그 소리에 반응하고 있는 자신을 주시하는 것도 도움이 됩니다. 말하자면 바깥에서 들려오는 소리에 반응하는 자신의 몸과 마음을 계속 알아차리는 것입니다. 예를 들면, 짜증을 낸다든지, 명상을 그만두고 일어나고 싶다든지, 성냄과 같이 마음에서 일어난 불쾌한 감정들을 누군가에게 쏟아내고 싶다든지 하는 마음을 알아차리는 것도 가능합니다. 혹은 불쾌한 감정이나 생각으로 인해 호흡이 거칠어진다든지, 가슴이 두근거린다든지, 얼굴에 열이 달아오른다든지, 뒷목이 뻣뻣해진다든지 하는 몸의 감각을 알아차리는 것도 좋은 방법입니다. 이렇게 하다보면 운동을 통해 근육이 단련되듯 마음의 힘이 생겨서 어지간히 번잡하고 시끄러운 일상생활 속에서도 자신이 하는 행동이나 마음상태를 알아차릴 수 있게 되며, 이것이야말로 우리가 명상을 통해 얻을 수 있는 커다란 이익 중 하나라고 할 수 있습니다.

참조 '위빠사나 명상'은 37번, '만트라 명상'은 26번, '절 명상'은 32번, '걷기 명상'은 35번의 답변을 참조하시면 도움이 됩니다.

만약 견디기 어려운 정도의 소음이라면 만트라 명상을 하거나, 절 명상, 걷기명상 등의 동적 명상을 하는 것도 한 방법이 될 수 있습니다.

093 망상이나 잡념이
생겨날 땐 어떻게 하죠?

명상을 하면 자꾸 딴 생각잡념/망상이 많이 나서 집중이 잘 안되는데
이럴 땐 어떻게 해야 되나요? 명상을 중단해야 하는지 그래도 계속
해야 하는지 잘 모르겠어요. 딴 생각들을 없애는 방법이 있을까요?
저는 명상하는 체질이 아닌가 봐요.

명상 중에는 여러 가지 잡다한 생각들이 일어납니다. '아 참, 내가 가
스 불을 잠갔던가?', '어제 그 친구가 왜 그런 말을 했지?', 혹은 '내일
입금해야 하는데……' 등등, 몸은 여기서 명상을 하고 있으나 마음은
이런저런 걱정거리나 근심과 같이 명상하고 있는 지금의 나에게 일
어나지 않고 있는, 지나간 일이나 미래의 일로 쉴 새 없이 움직입니
다.

국내외에 대중적으로 보급되고 있는 미얀마 마하시 스님
의 위빠사나 명상법의 경우, 명상 중에 잡다한 생각이 일어나면, 바
로 '망상', '망상' 혹은 '잡념', '잡념'하며 이름을 붙입니다. 그리고는 다
시 본래 선택한 명상의 대상으로 돌아와 그 대상에 주의를 모읍니다.
명상 중에 잡념이 생기는 것은 흔히 있는 자연스러운 현상이므로 잡

념을 없애려고 애쓰기보다는 잡념이 일어났음을 바로 알아차리는 것이 중요합니다. 잡념이 일어난다고 해서 명상을 그만두거나 하지 말고 계속 진행하는 것이 좋습니다. 잡념이 생길 때마다 명상을 중단하게 된다면 중단하거나 포기하는 것이 습관이 될 수도 있고, 명상 자체를 아예 포기하게 되는 경우까지도 생길 수 있습니다. 그러므로 포기하지 말고 용기를 내어 극복하려고 시도해 보십시오.

그렇다고 잡념이 안 일어나기를 빌거나 잡념이 일어난다고 짜증내거나 잡념을 없애려고 필사적으로 매달리지도 말아야 합니다. 없애려 하면 할수록 오히려 혼란이 가중되어 명상의 대상에 마음을 모으는 것이 더욱 더 어려워지게 됩니다. 잡념이 한번 극복되면 그 다음에는 순조롭게 진전될 수 있으므로 '난 명상 체질이 아닌가 봐'라고 미리 겁먹거나 포기할 필요는 없습니다.

생각이 일어나면 생각이 일어났음을 알아차리고, 생각에 끌려가지 않도록 합니다. 하지만 우리는 생각이 일어나 무한대로 펼쳐지는 것에 결국은 동참하게 되는 경우가 많습니다. 그리고서는 한참 동안 생각 속에 빠져 모래성을 쌓다가 '아, 내가 망상하고 있구나'라고 알아채고는 명상의 대상으로 돌아오는 경우가 많습니다. 어떤 경우에는 아예 생각 속을 허우적대다가 혼침에 빠져 귀중한 시간을 낭비하는 경우도 많습니다. 이를 피하기 위해서는 명상을 시작하기 전에 먼저 자기 자신에게 '이번 명상 시간에는 최선을 다해 알아차리겠다.' 등의 다짐을 하고 시작하는 것이 좋습니다. 그러면 여러 가지 잡다한 생각이 일어나더라도 끌려가지 않고 알아차림으로써 얼른 처음 정한 명상의 대상으로 되돌아오기 쉬울 것입니다.

그런데 어찌 보면 망상이나 잡념이 일어나는 것은 인간의 본성일 수도 있습니다. 살아있기 때문에 잡다한 생각들이 일어나고 있는 것입니다. 그러므로 그러한 생각들을 부정하거나 인위적으로 제거하려 애쓰기보다는 그냥 알아차리면 됩니다. 망상이나 잡념을 억지로 없애려고 하면 할수록 긴장감만 늘어날 것입니다. 계속 알아차림 하다 보면 알아차리는 힘이 강해지고 잡념이나 망상이 일어나는 횟수도 줄어들게 될 것입니다. 또한, 잡념이 일어났을 때 '이게 뭐지?', '이런 생각이 왜 일어나지?' 하면서 일어나는 잡념에 대해 분석하거나 해석하는 것은 적절하지 않습니다. 잡념에 반응하여 함께 이리저리 휩쓸리는 것은 실제로 아무런 도움이 되지 않습니다. 잡념이 일어남을 알아차리는 것이 잡념을 사라지게 하는 효과적인 방법일 것입니다.

094 조급하고 불안한
마음이 생길 땐?

명상을 하고 있으면 자꾸 조급한 마음이 들고 불안해집니다. 다른 사람들도 저처럼 조급해하거나 불안해하는 경우가 있을까요? 왜 이런 마음이 생기는지 모르겠습니다. 어떻게 하면 좋을까요?

명상할 때 조급한 마음이 드는 것은 여러 가지 원인이 있겠지만, 명상의 효과를 빨리 보고자 하는 욕망 때문인 경우가 많습니다. 이것은 알아차림이 약해졌을 때 일어나는 현상이기도 합니다. 명상을 해서 어떤 결과를 성취하고자 하는 욕망이 마음의 평온을 방해하는 원인입니다. 명상의 결과를 빨리 얻어서 마음의 안정을 이루려고 하는 마음이 강할수록 조급해지고 또 불안한 마음이 들게 됩니다. 그러한 결과를 얻기 위해서는 시간이 걸린다는 것을 인지하고 마음을 느긋하게 가질 필요가 있습니다. 불안하고 조급한 마음이 들 때에는 자신에게 그러한 마음들이 일어나고 있음을 잘 아는 것이 중요합니다. 더 잘하려고 한다거나 하면 더욱 불안해질 것이고, 그렇게 되면 더욱 혼란스러워질 수도 있습니다. 그런 마음을 싫어하고 거부하거나 없애려고 애쓰면 불안감이 더 커질 수도 있습니다. 이럴 때는 그저 그 마음을 알아차린 다음 그 정도가 좀 누그러졌다고 느껴지면 다시 명상의 대상으로 주의를 돌리는 것이 좋습니다.

　　이러한 조바심이나 불안감이 명상에만 국한되지 않고 매사에 성급함이나 조바심을 가지는 본인의 생활습관에서 기인한 것은 아닌지 살펴볼 필요가 있습니다. 어쩌면 무언가를 할 때 성급하게 결과물을 얻고자 하는 습관이 내게 있음을 알아차리는 기회가 될 수 있습니다. 이를 계기로 '내게 이런 면이 있구나.' 하는 것을 자각하고 개선하려는 노력이 필요할 것입니다.

　　일상의 분주한 움직임을 멈추고 명상을 하게 되면, 그동안 자각하지 못했던 불안감이 명료하게 알아차려지게 됩니다. 이럴 때는 불안감이라고 하는 마음의 상태에 마음을 모아 알아차리면 됩니다. 미얀마 마하시 스님의 위빠사나 명상법의 경우로 예를 들면, 먼저 불안함을 알아차리고 다시 명상의 대상에 주의를 둡니다. 자신에게 나타난 불안이 명료하지 않으면 '불안', '불안' 하고 이름 붙인 뒤 호흡에 의한 배의 팽창감과 수축감에 주의를 둡니다. 조급한 마음에 대해서도 마찬가지로 그것을 알아차리고 '조급함', '조급함'이라고 이름 붙인 뒤 호흡에 집중합니다. 숨을 들이쉴 때 들이쉬는 것을 알아차리고, 숨을 내쉴 때 내쉬는 것을 알아차립니다. 이것을 계속하다 보면 어느 순간 호흡이 세밀해지고, 어떤 때에는 숨을 쉬고 있지 않는 것처럼 느껴지기도 합니다. 이때 마음이 고요하고 편안하며, 불안한 마음은 어느새 사라지고 없다는 것을 알게 됩니다. 이것은 그만큼 마음이 고요해졌다는 증거이며, 명상이 한층 깊어졌다는 표시이기도 합니다. 이

이름 붙이기 미얀마의 마하시 스님의 위빠사나 명상법으로 이름붙이기가 있다. 즉, 마음에 일어난 어떤 생각이나 느낌에 명칭을 붙이게 되면 포착한 대상이 명확해지기 때문에 명상 수행 초기에 집중하기 어려울 때 활용하면 효과가 있다.

289

처럼 호흡만 잘 관찰하여도 마음의 평온을 쉽게 얻을 수 있습니다.

　　현대인들은 대체로 조급한 면이 있어서 극단으로 치달을 가능성도 많습니다. 명상은 이러한 현대인들의 조급증을 치료하는 데 효과적입니다. 현대인들은 잠시도 쉬지 않고 무언가를 부산스럽게 하고 있어야 낙오되지 않는다는 강박감을 갖고 살아가는 듯합니다. 대부분 정신없이 바삐 지내다가 어떤 계기로 명상을 하느라 고요히 있으려고 하면 나의 내부에 이전부터 갖고 있던, 그동안 미처 인식하지 못했던 것들이 또렷이 자각되는데, 불안이나 조바심 등의 감정도 이러한 부류에 해당한다고 할 수 있습니다. 명상을 하는 사람들은 내면 깊숙한 곳으로부터 드러나는 이러한 느낌들에 대해 용기를 가지고 알아차릴 필요가 있습니다. 이러한 과정을 몇 번 거치다 보면 바쁜 일상에서도 자신의 내면에서 나오는 조바심이나 불안감을 충분히 파악하고 거기에 흔들리지 않게 될 겁니다. 그러면 일상생활이 한층 가볍고 신나게 다가올 것입니다.

095 별다른 반응이 없다면?

명상을 열심히 하느라 했는데 별다른 느낌이나 특이사항도 없고, 별로 변화도 없는 것 같아요. 명상이 좋다는 말을 많이 들어서 나름대로 효과를 기대했는데 저한테는 명상이 맞지 않는 거 아닌가 모르겠어요.

보통 명상을 하기만 하면 곧 평온함이나 행복감 등을 얻을 수 있을 것이라는 기대를 가집니다. 이것은 명상을 처음 접하는 사람들이 일반적으로 품게 되는 공통된 바람 같은 것입니다. 물론 명상을 하다보면 그런 효과가 나타나기도 하지만 사람에 따라 차이도 있고, 또 '명상을 하면 이러저러한 효과가 있다고 하더라.'라는 식의 선입견을 갖고 있다가 막상 해보면 그렇지 못하니까 '명상은 내게 안 맞는가 보다'라고 지레짐작하고 포기하기도 합니다. 사실 명상을 해서 효과를 보기 위해서는 시간이 좀 걸립니다. 하지만 그것을 기다리지 못하는 경우가 많습니다. 명상을 할 때에는 뭔가를 빨리 성취하려고 애쓰거나 성급하게 접근하는 것이 별 도움이 안 됩니다. 이런 마음은 탐내는 마음에 가깝다고 할 수 있으며, 이런 마음은 명상을 하는 데 오히려 장애가 될 수 있습니다. 명상의 효과나 체험에 대한 어떠한 기대나 욕심도 없이, 그저 몸과 마음에 일어나는 현상들을 지속적으로 지켜보고 알아차리는 것이 좋습니다. 그러면 지금 이 순간에 내가 무엇을 하고 있는지 알아차리는 것이 가능해지고, 이러한 과정이 쌓이다 보면 명상의 효과를 경험하게 됩니다.

알아차림이란 대상에 주의를 기울여서 잠시 머무르고 어떤 현상인지를 분명히 알게 되는 것을 말합니다. 명상은 지속적으로 알아차림하는 과정이며, 그것을 통해 집중력이 개발되고 마음의 평안에 도달합니다. 그러므로 별다른 반응이 없더라도 계속 알아차림 하다 보면 어느 순간 일상생활 속에서 명상의 효과가 나타나는 것을 발견할 수 있을 것입니다. 예를 들면 아이가 성적이 떨어졌다고 혼낼 때, 자신의 욕심 때문에 아이를 혼내고 있음을 깨닫게 된다거나, 예전에는 화가 나면 물건을 집어던지거나 했는데 명상을 꾸준히 하다 보니 화내고 있는 자신을 발견하고 화를 누그러뜨리거나 혹은 손을 들어 물건을 집는 행동을 알아차리고 슬그머니 손을 내리는 행위 등입니다. 즉 알아차림하는 것만으로도 어느 순간에는 자신의 행동에 변화가 오는 것을 분명하게 인지하게 됩니다. 이것이야말로 명상의 가장 큰 효과가 아니겠습니까?

스스로 생각하기에는 별다른 반응이 없다고 여겨지겠지만 명상을 지속적으로 할수록 자신도 모르게 알아차리는 힘이 강해집니다. 우리가 어떤 상황에서 화를 낼 때, 크게 두 가지 경우가 있습니다. 화가 일어나자마자 알아차리는 경우, 또는 이미 화가 일어난 다음에 '어, 내가 화냈네?' 하면서 아는 경우입니다. 현실에서는 대부분 화를 냄으로써 실수하는 경우가 많아서, 알아차림을 지속적으로 하다보면 이처럼 화가 일어나는 순간을 포착하게 되고, 그러면 실수를 덜하게 될 것입니다. 물론 이렇게 되기까지에는 시간이 좀 걸릴 것입니다. 그러니 지금 당장 눈에 보이는 성과가 없다고 해서 그만 두거나, 명상이 맞지 않는다고 섣불리 판단하여 일찌감치 포기하지 말아야 합니다. 명상의 효과가 생각보다 빠르게 나타나지 않더라도 어느 순간 그 효과가 발현되면 실생활에 매우 유용하기 때문입니다.

우리가 보통 뭔가를 열심히 하려다 보면 오히려 잘 안될 때가 많지 않습니까? 명상도 마찬가지 아닐까 생각됩니다. 일반적으로 명상을 할 때 '잘 해야지.'라는 생각은 도움이 안 된다고 합니다. 처음에는 지나친 기대보다는 작은 것이라도 조금씩 경험해 나가겠다는 자세로 편한 마음으로 임하는 것이 필요합니다. 그렇다고 안이하게 명상을 해서는 되지 않으므로 잠깐씩이라도 매일 꾸준히, 정해진 시간에 부담 없이 실천하는 것이 좋을 것입니다. 마치 햇살 따뜻한 봄날, 소풍가는 마음으로 말입니다.

참조 '알아차림'은 5번, '명상할 때 마음가짐'은 14번의 답변을 참조하시면 도움이 됩니다.

096 허무감이 느껴질 땐?

명상을 해보니 마음이 비워져 좋을 때도 있지만, 가끔은 모든 게 허무
하고 덧없다고 느껴질 때가 있습니다. 명상을 통해 내려놓기를 하다
보니까 세상일이 굳이 애써서 할 게 없다는 생각이 들기도 하거든요.
어찌 해야 할까요?

명상은 세상일을 더 보람 있게 하기 위한 방편이라고 할 수 있습니다.
명상을 통해 내려놓는 것도 중요하겠지만 지금 내가 무슨 의도를 가
지고 어떻게 행동하는지를 지속적으로 알아차릴 수 있는 힘을 배양
하는 것이 더욱 중요하다고 봅니다. 주의를 기울여 알아차리는 힘이
커지면 요리를 하거나 운전을 하는 등 일상의 활동에서 알아차림을
유지하여 칼에 베이지 않는다거나 접촉사고를 예방하는 등의 이로운
점이 있습니다. 굳이 명상 때문이 아니더라도 살다보면 모든 것이 허
무하고 덧없다고 여겨질 때도 있겠지만, 명상을 함으로써 세상일이
굳이 애써서 할 게 없다는 생각이 들 정도로 감성적으로 되는 것은
명상에 대해 잘못 이해한 것이라고 봅니다.

　　불교에서는 세상 만물이 찰나 찰나 변해 간다고 설명합니

다. 마치 봄, 여름, 가을, 겨울 등 사계절이 변하는 것, 또는 애벌레가 어느 순간 화려한 나비가 되어 날아오르는 광경을 보는 것과 같습니다. 이러한 외부 사물뿐 아니라 사람의 마음조차 한 순간도 머물지 않고 변합니다. 이처럼 수시로 변화하는 우리의 마음을 불교 경전에서는 특별히 원숭이가 나뭇가지를 붙잡고 이 나무에서 저 나무로 옮겨 다니는 것에 비유하기도 합니다.

항상 변하는 세상일에 집착과 미련이 남아 있을 때 특히 허무감이 밀려옵니다. 허무함의 바탕에는 무상無常, 고苦, 무아無我라는 불교의 삼법인三法印의 이치가 내재되어 있습니다. 그런데 대부분의 사람들은 이러한 사실을 깨닫지 못합니다. 현실에서 무상의 이치를 깨닫지 못하는 것은 현상들이 가지는 연속성 때문입니다. 몸과 마음의 모든 현상들이 너무나도 빠르게 끊임없이 일어났다 사라지므로 그것의 생멸生滅을 인지하지 못하여 모든 것은 영원한 것처럼 느끼게 됩니다. 또한, 우리는 물질이나 정신이 살아 있는 내내 유지된다고 여기고, 그것을 '나'라고 생각합니다. 하지만 항상적으로 유지되는 '나'와 '나의 것'이란 없습니다.

그런데 명상을 하여 지속적으로 마음을 두고 알아차리는 과정을 통해서 마음의 대상으로서의 물질적, 정신적 현상들과 그것을 알아차림하는 것이 연속적이지 않다는 것을 알게 됩니다. 모든 현상은 일어났다가 사라지는 과정에 있을 뿐이며, 매순간 새로운 현상이 일어나고 일어날 때마다 알아차리면 그것도 사라집니다. 이렇게 매 순간 알아차림이 익숙해지면, 일어나고 사라짐만 있다는 것을 알게 됩니다. 이것이 무상無常함입니다. 하지만 우리는 이러한 변화를 인정하지 못하고 변하지 않기를 바랍니다. 모든 실제하는 것은 변하는데 그러지 않기를 바라는 마음은 만족스럽지 못하고 괴롭습니다. 이것이 괴로움꿈입니다. 또한, 일어났다 사라지는 모든 현상은 스스로의 속성과 조건에 따라 일어날 뿐, 나의 의지와는 무관하다는 것을 알게 되며, 어느 누구의 의도도 개입되지 않음을 알게 됩니다. 그리고 나 자신도 역시 변화라는 현상에 종속되어 있다는 사실을 알게 됩니다. 이것이 무아無我입니다. 이와 같이 현상에 대해 있는 그대로 통찰함으로써 무상·고·무아의 이치를 알게 되면 변화를 이해하게 되고 지혜가 성숙해져 허무감에서 벗어날 수 있습니다.

　　만약 명상을 해서 허무감이 든다면 그것은 명상을 해서라기 보다는 명상하는 그 시점에 여러 가지 주변 조건들이 그러한 감정을 느끼기에 충분한 상황이었기 때문이 아닐까 합니다. 만약 명상을 했는데 허무감이 들면서 그 감정이 계속 지속된다면, 명상 전문가에게 상황을 설명하고, 원인이 어디에 있는지 살펴볼 필요가 있겠습니다.

097 전생을 본 것 같다면?

눈 감고 명상에 집중하다가 이상한 장면image을 봤어요. 아무리 생각해봐도 전생의 한 장면인 것 같은데요. 저처럼 명상 중에 전생을 보는 경우가 가끔 있나요?

명상 중에 전생을 보았다고 말하는 경우가 가끔 있다고들 합니다. 불교수행 중 사마타 수행을 하면 과거 생生에 있었던 일들을 알 수 있는 신통력神通力인 숙명통宿命通이 생기는 경우도 있다고 합니다. 하지만 이러한 신통은 세속을 뛰어넘은 출세간出世間의 차원에서는 그다지 중요하지 않습니다. 왜냐하면 신통을 얻는 것만으로는 생로병사하는 윤회의 삶에서 벗어날 수 없기 때문입니다. 불교에서는 윤회에서 벗어나기 위해서 열반을 성취해야 하고, 그러기 위해서는 위빠사나 수행을 해야 한다고 합니다.

　　　명상을 하는 것은 오직 현재에 머무는 것을 목적으로 하므로, 과거나 미래의 것에 대해 관심을 두지 않는 것이 좋습니다. 과거나 미래의 것에 관심 두지 않는다고 해서 그것들을 애써 무시하라는

숙명통 불교에서 말하는 신통력 중 하나로서, 자신의 과거 상태나 운명을 아는 지혜이다. 대반 불교경전에서는 과거에 살아온 여러 생애를 아는 지혜라 하므로 일반인은 이해하기 어렵다.

의미는 아닙니다. 과거나 미래의 것이 떠오르면 그것이 떠올랐음을 알아차리고, 떠오른 그 장면을 보는 지금의 마음상태나 몸의 반응이 어떠한지를 아는 것이 더 중요하다고 할 수 있습니다. 다시 말해서 그것이 어떤 것이든 현재에 일어나고 사라지는 현상들을 지켜보는 것이 필요합니다.

명상 중에 나타나는 현상들이 좋은 것이든 나쁜 것이든 수용하고, 그것이 일어났으면 알아차리고 지켜볼 뿐이지 그것에 대해 어떤 의미를 부여하거나 취사선택하는 것은 바람직하지 않다고 봅니다. 명상 도중에 떠오른 현상에 대해 전생의 한 장면일 것이라고 생각하는 것은 나와 관련지어 특별한 의미를 부여하고 그에 대해 해석하고 판단한 것일 수 있습니다. 나의 전생과 관련된 것이라고 여겨지는 어떤 장면이 보이면 그냥 그러한 장면이 보였음을 알아차리고, 다시 본래의 명상 대상으로 돌아오면 됩니다. 혹은 전생의 한 장면이라고 생각했다면 자신이 그런 생각을 했음을 알아차리고 다시 명상의 대상으로 되돌아옵니다.

전생을 본 것 같다는 것 등은 일종의 개인적 생각일 경우도 많기 때문에 여기에 지나치게 의미를 둘 필요는 없다고 봅니다. 중요한 건 지금의 나의 상태에 대해 지속적으로 주의를 두어 알아차림으로써 현재를 보람 있게 살아가는 것이 아닐까 합니다.

참조 신통력(초능력)에 관해서는 47번의 답변을 참조하시면 도움이 됩니다.

098 특이한 이미지가
자꾸 보일 땐?

왜 그런지는 잘 모르겠지만 명상을 하다보면 특정 이미지가 자주 떠오르곤 합니다. 그럴 땐 어떻게 해야 될까요? 뭔가 중대한 의미가 담긴 이미지가 아닌가 싶기도 하거든요.

명상을 통해 집중력이 개발되면 평상시에 경험하지 못한 현상들이 나타나기도 합니다. 예를 들면, 명상 중 태양처럼 밝은 빛을 본다거나, 몸의 내부가 보인다거나, 앞으로 올 미래를 예견한다거나 하는 것 등입니다. 하지만 명상 도중에 보이는 이러한 이미지들은 우리의 생각으로 만들어낸 환상으로, 실체가 없는 것입니다. 따라서 이러한 이미지들에 관심을 보이는 것은 마치 꿈을 꾸고 나서 꿈속에서 있었던 일들을 해몽하고 그것에 어떤 의미를 부여하는 것과 같습니다. 실재하는 것이 아닌데도 실재하는 것처럼 착각하여 의미를 부여하거나해서 또 다른 이미지를 만들어내기도 합니다. 그러므로 이런 이미지들에 집착하지 않도록 해야 합니다. 눈을 감은 상태에서 나타나는 빛이나 색깔, 모양 등은 생각으로 지어낸 것임을 알아야 합니다. 그렇기

때문에 어떤 특이한 형상이 나타난다고 해서 그것이 무슨 징조이거나 하는 것도 아니며, 두려워하거나 기뻐해야 할 어떤 것도 아닙니다. 그저 나타나는 현상들을 지켜보고 알아차리면 됩니다.

명상을 통해 자신의 몸과 마음을 알아차리는 목적은 일상생활에서 매순간 나의 의도를 알아차리고 탐욕이나 성냄, 어리석음 등과 같은 바람직하지 못한 마음들을 제어함으로써 바람직하지 못한 행위를 줄이고, 나아가 좋지 않은 결과가 다가오는 것을 방지하기 위함입니다. 그러므로 명상 중에 나타나는 환상이나 생각의 흐름을 실체인 양, 진짜인 양 부여잡고 이것에 어떤 의미부여를 하는 것은 바람직하지 못한 마음들을 오히려 더 키우는 것이나 마찬가지입니다. 미얀마 마하시 스님의 위빠사나 명상법의 경우, 특정 이미지가 자주 떠오르면 '바라봄', '바라봄' 하면서 그러한 이미지들이 사라질 때까지 지켜볼 것을 권유합니다. 그리고는 다시 호흡으로 인한 배의 팽창감과 수축감으로 돌아옵니다. 그러한 이미지들을 보고 놀라거나 혹은 좋아하거나 하면 그 이미지들이 쉽게 사라지지 않습니다. 이때는 그러한 특정 이미지를 부여잡으려는 그 마음도 함께 알아차려야합니다.

때로는 명상을 지속하다 보면 어느 순간 얼굴에 벌레가 기어가는 듯한 느낌이 들거나, 푸른 하늘이 보인다거나 하는 등의 일을 경험하기도 합니다. 그래서 명상하다 말고 손을 들어 얼굴을 만지기도 하고 눈을 떠서 자신이 명상홀 안에 있는지를 확인하기도 합니다. 하지만 이러한 체험들은 명상의 과정에서 나타나는 하나의 현상일 뿐입니다. 만일 그런 느낌이 들면 '기어감', '기어감'이라고 알아차리고 다시 주 관찰대상으로 돌아옵니다. 혹은 푸른 하늘이 보이면 '봄', '봄'이라고 이름 붙인 뒤, 주 관찰대상으로 되돌아옵니다.

명상 중에 경험하는 특정 이미지는 수행이 점점 깊어져 어떤 경지에 들어가면 자연스럽게 나타나는 것입니다. 이미지들이 보일 때, '이게 무슨 징조지?', '수행이 진전되었다는 표시인가?'라는 등으로 그 이미지에 대해 어떤 의미 부여를 하지 않도록 합니다. 명상 도중에 나타나는 이러한 현상들에 현혹되지 말고 꾸준히 명상을 계속해 나가다 보면 이러한 특이하다고 생각되는 현상들이 사라지고 집중의 정도가 한층 깊어지게 될 것입니다.

099 신기한 체험, 또 하고 싶어지면?

명상 중에 아주 신기한 체험을 했어요. 그때는 정말 기분이 말할 수 없이 좋았거든요. 그런데 그때 한 번 경험한 후로는 그 체험이 다시 나타나지 않네요. 그때처럼 신기하고 기분 좋은 체험을 또 하려면 어떻게 해야 되나요?

명상을 하다보면 여러 가지 신기한 체험을 하는 경우가 있습니다. 어떤 때는 명상 중에 너무 편안하여 명상을 끝내고 싶지 않을 때도 있습니다. 하지만 여기에 집착하게 되면 자칫 명상을 하는 목적을 잊게 될 수도 있습니다. 그렇기 때문에 신기한 체험을 즐기는 것은 그다지 권장할 만한 일은 아닌 것 같습니다. 그런 것에 흥미를 가지다 보면 평상시의 생활을 도외시할 수도 있기 때문입니다.

　　　명상 중에 경험하는 신기한 현상들을 또 다시 경험하고 싶어하는 마음은, '나', '나의 것'이라는 관념이 있기 때문이며, 이것 또한 욕망의 다른 형태라고 할 수 있습니다. 이런 신기한 체험을 또 경험하고자 하는 의도로 인해 지나치게 애쓰게 되며, 나아가 조바심을 내게 되고, 의도대로 되지 않으면 짜증을 내기도 합니다. 그러므로 명상을 잘 해서 '그러한 체험을 또 해야지' 하거나, '이번에는 이러저러한 체험을 하고 싶다'라고 하는 등의 의도나 욕망을 내려놓고 지금 이 순간에 주의를 기울여 분명하게 알아차리는 것이 좋습니다. 명상 도중에 경험하는 것들 중 좋은 것에 대해 또 경험하기를 바라는 것은 집착의 다른 모습이기도 합니다. 그런 바라는 마음이 일어나면, 그 '바라는 마음'을 알아차리고 다시 명상의 대상으로 마음을 모읍니다.

　　명상의 단계가 높아질수록 신체적인 움직임에 앞서 일어나는 마음의 의도를 명확히 알아차리게 됩니다. 그러면 집착의 마음은 더 이상 이어지지 않고 사라지게 됩니다. 그런데 이와는 다른 차원에서, 즉 명상의 궁극적인 목적지라 할 수 있는 평온함에 대해서도 동일한 시각을 가질 필요가 있습니다. 명상을 하다보면 평안한 상태가 지속될 때가 있습니다. 그 상태가 참으로 편안하고 좋아서 그러한 상태를 또 경험하고픈 열망을 가지고 명상을 할 때가 있기도 합니다. 하지만 이러한 열망 또한 경계해야 합니다. 그러한 평안한 상태를 또 체험하고자 하는 마음 역시 집착이라고 할 수 있습니다. 물론 그것으로 인해 좀 더 깊은 명상의 단계로 가기 위해 집중할 수도 있겠지만, 명상 과정에서 평안한 상태를 경험했을 경우, 그것을 알아차리고 그러한 상태에 머무르는 것 또한 알아차림하면 될 것입니다.

알아차림 '빨 그께б' 지난 때 어떤 상태를 아는 것이다. 경우에 따라 어느 적, 지속적으로 지켜보는 새(sati)을 의미하기도 합니다.

100 주변에서 이상한 사람 취급할 때는?

명상이 심신 건강에 좋다고 해서 열심히 해보려고 노력하고 있는데 주변 사람들이 저를 보는 시선이 곱지 않네요. 명상 한다고 돈 나오 냐, 생활에 충실해야 되는 거 아니냐 등등 여러 가지 비난과 충고들을 듣다보니 제가 큰 잘못을 저지르고 있는 거 아닌가 하는 생각이 들 때 도 있습니다.

명상에 대해 사람들이 흔히 가지는 인식은 다양한 편입니다. 내려놓기, 집착하지 않기, 생각 비우기, 느긋하게 행동하기 등 명상이 가지는 여러 특징들로 인해 명상을 하면 현실적이지 않고 현실에서 유리된다는 선입견을 가지는 경우가 많은 것 같습니다. 하지만 명상 또한 현실생활을 더 잘 하기 위해 하는 것이므로 주위의 이러저러한 평판에 지나치게 신경 쓸 필요는 없습니다. 명상이 본인에게 유익하고 필요하다고 판단되면 우선적으로 실천하면 될 것입니다. 병이 나서 몸이 아플 때 남들이 아무리 이런저런 말을 늘어놓더라도 그 질병에 잘 맞는 좋은 약을 먹지 않으면 병은 치료되기 어려운 것과 마찬가지입니다.

우리는 흔히 자신의 이미지에 대한 집착이 강할수록 주변

의 시선에 민감하게 반응하는 것 같습니다. 예를 들어, 주변 사람들에게 좋은 사람으로 보이고 싶어한다거나 잘못된 행동을 하는 사람으로 보이고 싶지 않다는 생각이 강한 경우 등이 이에 해당한다고 볼 수 있습니다. 명상은 자신의 이미지를 견고하게 하기보다는 이미 견고해진 자신의 에고로 인해 괴로움을 느끼는 상태로부터 벗어나 행복의 길로 이끌어 줍니다. 2500여 년 전 인도에서 불교를 창시한 붓다는 임종의 순간에 자신의 죽음을 슬퍼하며 눈물 흘리는 제자들에게 "스스로를 의지하라"고 간곡히 당부하셨습니다. 인류의 스승으로서 오래 전에 붓다가 보여준 그러한 주체적 인간상은 오랜 세월이 흐른 지금에도 아시아를 비롯한 세계 여러 곳에서 삶에 지친 사람들에게 위안과 용기를 주는 큰 힘을 발휘하고 있습니다.

사람들의 생김새가 천양지차로 다르듯이 그들의 생각과 그 속에서 표현되는 말들 또한 너무나 다양합니다. 이 모든 것에 마음 쓰고 살다가는 온전한 자신만의 삶을 영위하지 못하고 배가 산으로 올라가듯 제 갈 길을 잃고 헤매기 쉽습니다. 명상을 세상을 피하는 것으로 간주하여 비난이나 충고를 하는 사람들의 말에 신경 쓰며 위축되기보다는 나의 인생은 내가 창조하고 책임진다는 주인의식을 갖고 자신의 삶을 주체적으로 열어가는 것이 더 낫지 않겠습니까. 그러기 위해서는 자신에 대한 믿음을 가지는 것이 중요할 것입니다. 명상을 실천하는 부분에서도 예외는 아니라고 생각합니다.

필요하다면 그 사람들에게 이 책에 소개된 명상의 실질적 효과와 실천 방법 등에 대해 이야기해주는 것도 하나의 방법이 될 수 있습니다. 그러나 무엇보다도 먼저 주변 사람들의 비난이나 충고로 인해 생겨나는 여러 가지 생각들과 감정들을 알아차리는 것이 필요할 것 같습니다. 자기자신을 대상으로 자애명상을 함으로써 자신에 대한 믿음과 용기를 고양시키는 것도 좋을 것입니다.

참조 '자애명상'은 24번의 답변을 참조하시면 도움이 됩니다.

참고한 책과 논문들(미주)
더 읽으면 도움이 되는 책들

1. 류현민, 「명상프로그램 중재효과에 대한 메타분석」, 박사학위논문, 대전대학교대학원, 2014.

2. 질병관리본부, 「고혈압 인포그래픽-고혈압의 예방과 관리」, 2015.

3. 이경애, 「마음챙김명상이 고혈압 중년여성들의 혈압, 스트레스 및 웰빙에 미치는 효과」, 석사학위논문, 덕성여자대학교대학원, 2009.

4. Blanchard, E. & Greene, B. Cognitive therapy for irritable bowel syndrome. *Journal of Consulting and Clinical Psychology, 62*, 1994, 576-582.

5. Keefer, L. & Blanchard, E. The effects of relaxation response meditation on the symptoms of irritable bowel syndrome: Results of a controlled treatment study. *Behavior Research and Therapy, 39*, 2001, 801-811.

6. 유현자·김성훈, 「명상과 미술활동을 활용한 태교 프로그램이 임신부의 정서에 미치는 효과」, 『명상심리상담』 Vol.2, No.2, 2008, pp. 249-284.

7. 김정은·김정호·김미리혜, 「마음챙김 명상이 고등학교 교사의 만성두통, 스트레스 및 정서에 미치는 효과」, 『한국심리학회지: 건강』 Vol.20, No.1, 2015, pp. 33-52.

8. 통계청, 「사망원인통계」, 2014.

9. Carlson, L. Impact of mindfulness-based stress reduction(MBSR) on sleep, mood, stress and fatigue symptoms in cancer outpatients. *Behavioral Medicine, 62*, 2005, 278-285.

10. 정은희, 「마음챙김명상이 암 환자들의 통증과 불안에 미치는 효과」, 석사학위논문, 충북대학교대학원, 2011.

11. 김종호, 「암환자 스트레스 해소에는 명상이 효과적」, 의료일보, 2013.8.30.

12. 교육부, 「학교폭력실태조사」, 2012.

13. 서울특별시 청소년상담복지센터, 「학교폭력 예방 및 대책마련」, 2012.

14. Bear, R. Mindfulness training as a clinical intervention: A conceptual and empirical review. *Clinical psychology: Science and practice, 10*, 2003, 125-143.

15. 김경우·장현갑, 「한국형 마음챙김 명상에 기반한 스트레스 감소 프로그램 단축형(6주)이 대학생의 불안과 공격성에 미치는 효과」, 『스트레스연구』 Vol.15, No.1, 2007, pp. 43-49.

16. 한국정보화진흥원, 「2013 인터넷 중독 실태조사」. 2014.

17. 미래창조과학부, 「인터넷 및 스마트폰 중독 실태조사 결과 및 해소 종합계획」, 2013.

18. Brewer, J., Elwafi, H., & Davis, J. Craving to quit: Psychological models and neurobiological mechanisms of mindfulness training as treatment for addictions. *Psychology of addictive behaviors, 27*, 2013. 366.

19. 강규현, 「마음챙김명상이 스마트폰 중독 성향자의 스마트폰 사용시간에 미치는 영향: 작업 기억과 암묵적 태도의 매개효과를 중심으로」, 석사학위논문, 중앙대학교대학원, 2015.

20. 원하는 목표에 주의를 유지하고 반추적 사고를 억제하며, 원하지 않은 정서·욕구·갈망 등을 조절하는 기능.

21. 건강보험심사평가원, 「알코올 사용에 의한 정신 및 행동장애 환자현황」. 2014

22. 박후남, 「명상수련이 알코올중독 환자의 자기개념, 금주자기효능 및 금주에 미치는 효과」, 박사학위논문, 가톨릭대학교대학원, 2005.

1. 김남선, 『생활명상』, 서울: 민족사, 2010.

2. 김범진, 『행복한 CEO는 명상을 한다』, 서울: 한언, 2007.

3. 김성수, 『잡념이 보배다』, 서울: 생각하는백성, 2006.

4. 김태환 엮고 지음, 『간화선 창시자의 禪』(상·하), 고양: 침묵의 향기, 2011.

5. 노우, 『백팔문답요집 불교란 무엇인가』, 서울: 운주사, 2011.

6. 다이닌 가타기리 지음, 남기심 옮김, 『지금, 여기, 이 순간에 살아라』, 서울: 북스코프, 2012.

7. 마하시 사야도 법문, 비구 일창 편역, 『위빳사나 백문백답』, 서울: 이솔출판, 2014.

8. 마하시 사야도, 정동하 옮김, 『깨달음으로 이끄는 명상: 불교명상의 근본원리』, 서울: 경서원, 1995.

9. 박종구, 『밝은빛 태극권 강의록』, 서울: 정신세계사, 2001.

10. 법보신문사 편, 『수행문답』, 서울: 운주사, 2009.

11. 불교와사상의학연구회, 『명상 어떻게 연구되었나?-2000년부터 2012년까지 연구경향 분석』, 서울: 올리브그린, 2013.

12. 스티븐 미첼 편저, 권지연·김영재 옮김, 『부처가 부처를 묻다』, 서울: 물병자리, 2011.

13. 스티븐 스나이더·티나 라무쎈 공저, 정준영 옮김, 『몰입이 시작이다』, 서울: 불광출판사, 2015.

14. 아날라요 스님, 이필원·강향숙·류현정 옮김, 『깨달음에 이르는 알아차림 명상수행』, 서울: 명상상담연구원, 2014.

15. 아남 툽텐 지음, 이창엽 옮김, 『알아차림의 기적』, 서울: 담앤북스, 2014.

16. 안도오사무, 인경스님·이필원 역, 『심리치료와 불교』, 서울: 불광출판사, 2011.

17. 에드 샤피로·뎁 샤피로 지음, 최소영 옮김, 『마음바꾸기』, 서울: 더스타일, 2009.

18. 에크하르트 톨레 지음, 류시화 옮김, 『삶으로 다시 떠오르기』, 서울: 연금술사, 2013.

19. 이영돈, 『마음』, 서울: 예담, 2006.

20. 임승택 지음, 『붓다와 명상』, 서울: 민족사, 2011.

21. 장현갑·배재홍·정애자·권석만 공저, 『마음챙김명상 108가지 물음』, 서울: 학지사, 2012.

22. 잭 콘필드 지음, 정준영 옮김, 『어려울 때 힘이 되는 8가지 명상』, 서울: 불광출판사, 2013.

23. 정승석, 『100문 100답』, 서울: 민족사, 1999.

24. 정준영, 『위빠사나』, 서울: 민족사, 2010.

25. 존 카밧진 지음, 장현갑·김교헌·장주영 공역, 『마음챙김 명상과 자기치유』(상·하), 서울: 학지사, 2005.

26. 타라 브랙 지음, 김선주·김정호 옮김, 『받아들임: 지금 이 순간 있는 그대로』, 서울: 불광출판사, 2012.

27. 현대불교신문사 엮음, 『생활속의 불법수행』, 서울: 여시아문, 2014.

28. 혜봉 지음, 『삶을 바꾸는 5가지 명상법』, 서울: 불광출판부, 2003.

29. 호우사이 아리나 지음, 이필원 옮김, 『자기계발을 위한 15분 명상』, 서울: 불광출판사, 2009.

30. David Brazier 지음, 김용환·박종래·한기연 공역, 『선치료』, 서울: 학지사, 2007.

몸과 마음을 편안하게

명상 100문 100답

초판 1쇄   2016년 3월 14일

지은이   불교와사상의학연구회
펴낸이   오종욱
펴낸곳   올리브그린
          서울특별시 서초구 양재천로29길 3 원창빌딩 502호
          olivegreen_p@naver.com
          전화 070-6238-8991 / 팩스 0505-116-899

일러스트   노혜정(표지) 신지윤(본문)

ISBN   978-89-98938-16-1 03200

값   20,000원

이 도서의 국립중앙도서관 출판시도서목록(CIP)은 서지정보유통지원시스템 홈페이지(http://seoji.
nl.go.kr)와 국가자료공동목록시스템(http://www.nl.go.kr/kolisnet)에서 이용하실 수 있습니다.(CIP
제어번호: CIP2016005653).